1 - El Hombre Que Deseaba Oro

Bansir, el constructor de carruajes de Babilonia, estaba completamente desanimado. Desde que rodeaba su propiedad, contempla el taller al aire libre en el cual había un

Su esposa aparecía frecuentemente miradas dirigidas a él, le recordaban q casi vacía y que él debería estar en e aserrándolo y martillando, pintándolo y puliéndolo, tensando el cuero sobre el borde de las ruedas, preparándolo para su entrega; para poder cobrárselo a su rico cliente.

Sin embargo, apoyó impasiblemente su musculoso cuerpo sobre el muro. Su torpe mente estaba luchando pacientemente con un problema por cuál no encontraba respuesta. El caliente sol tropical, tan típico de este valle del Éufrates, abatía inmisericordemente sobre él. Gotas de sudor se formaban en sus cejas y escurrían hasta perderse en la peluda selva de su pecho.

Más allá de su hogar se encontraban los altos muros con terrazas que rodeaban el palacio del rey. Muy cerca penetrando los cielos azules, estaba la torre pintada del Templo de Bel. A la sombra de tal grandeza se encontraba su humilde hogar y muchos otros menos limpios y cuidados. Babilonia era esto, una mezcla de grandeza y escasez – deslumbrante riqueza y espantosa miseria – amontonada sin plan o sistema dentro de los muros protectores de la ciudad.

Volteaba y veía tras él a los ruidosos carruajes de los ricos, empujar y amontonar a un lado a los mercaderes con sandalias, así como a los descalzos mendigos. Inclusive los ricos eran forzados subir a las alcantarillas, para dar paso a las largas filas de esclavos acarreadores de agua, en los "negocios del rey," cada uno llevando una pesada bota de piel de cabra llena de agua, la que verterían en los jardines colgantes.

Bansir estaba demasiado absorto en su problema para escuchar o poner atención al confuso alboroto de la bulliciosa ciudad. Fue el inesperado tañir de las cuerdas de una lira familiar lo que le despertó de su ensueño. Volteó y miró la sensible y sonriente cara de su mejor amigo, Kobbi, el músico.

–Que los dioses bendigan tu gran liberalidad, mi buen amigo – empezó Kobbi con un elaborado saludo –.

Parece que ellos ya han sido generosos contigo, pues no necesitas trabajar. Me regocijo contigo de tu buena fortuna. Y más aún, la compartiré contigo. Ruego de tu bolsa, que debe estar rebosando si no, estarías ocupado en el taller extraer dos humildes monedas y préstamelos hasta después del festín del rico, esta noche. Tú no los extrañarás, te serán devueltos.

–Si yo tuviera dos monedas –Bansir respondió tristemente-, ni uno podría prestarte, ni siquiera a ti, el mejor de los amigos, pues ellos serían mi fortuna, mi entera fortuna. Y nadie presta su entera fortuna, ni siquiera a su mejor amigo.

–¡Que! –exclamó Kobbi con genuina sorpresa--. ¡No tienes ni una moneda en tu bolsillo, y te sientas como una estatua sobre el muro! ¿Por qué no has terminado ese carruaje? ¿De qué vas a comer? ¡No te pareces a mi amigo! ¿Dónde está tu inagotable energía? ¿Te inquieta alguna cosa? ¿Los dioses te han traído problemas?

–Debe ser un tormento de los dioses –contestó Bansir-. Comenzó como un sueño, un sueño tonto. Soñé que era un hombre rico. De mi cinturón colgaba una bolsa pesada y repleta de monedas. Habían monedas, las cuales echaba descuidadamente a los mendigos; había monedas de plata con las cuales compraba atavíos para mi esposa y cualquier cosa que yo deseaba para mi; había monedas de oro, las cuales me hacían sentir seguro del futuro y sin temor de gastar la plata. Un glorioso sentimiento de felicidad estaba dentro de mí! Tú no habrías conocido a tu esforzado amigo. Ni habrías conocido a mi esposa, tan libre de arrugas estaba su cara y tan brillante de felicidad. Ella era otra vez la sonriente doncella de nuestros primeros días de matrimonio.

–Un sueño agradable, ciertamente – comentó Kobbi-, pero ¿por qué tan placentero sentimiento como ése te convirtió en una sombría estatua sobre el muro?

–Porque, ciertamente, cuando desperté y recordé lo vacía que estaba mi bolsa, me invadió un sentimiento de rebelión. Hablemos del tema, pues como dicen los marineros, vamos los dos en el mismo barco. De niños, juntos fuimos con los sacerdotes para aprender sabiduría. De jóvenes, compartíamos los placeres de hombres maduros, hemos sido siempre íntimos amigos. Hemos sido individuos satisfechos de nuestra suerte. Nos satisface trabajar largas horas y gastar libremente nuestras ganancias. Hemos ganado mucho dinero en los pasados años, y no obstante, para conocer la felicidad que viene con la riqueza, debemos soñar con ella. ¡Bah! ¡No somos más que borregos! Vivimos en la ciudad más rica del mundo. Los viajeros dicen que ninguna la iguala en riqueza. A nuestro alrededor hay tanto despliegue de riqueza, pero de ella nosotros no tenemos nada. Después de media vida de ardua labor, tú, el mejor de mis amigos, tienes el bolsillo vacío, y me dices: "¿Puedes prestarme la miseria que son dos monedas hasta después del festín del noble esta noche?" Entonces, ¿qué te contesto? ¿Te digo: "Aquí está mi bolsa; su contenido contento lo compartiré"? No. Admito que mi bolsa está tan vacía como la tuya. ¿Qué sucede?¿Por qué no podemos conseguir oro y plata, más de lo suficiente para comida y ropa?

–Considera, también, a nuestros hijos continuó Bansir- ¿No están siguiendo los pasos de sus padres? ¿Necesitan ellos y sus familias y sus hijos vivir toda su vida en medio de tales tesoros y no obstante, como nosotros, contentarse con el lujo de leche agria de cabra y potaje?

–Nunca, en todos los años de nuestra amistad, hablaste de esto antes, Bansir –Kobbi estaba perplejo.

–Nunca en todos esos años había pensado esto. Desde el temprano amanecer hasta que la oscuridad me detiene, trabajo para construir los mejores carruajes que ningún hombre puede hacer, deseando, de todo corazón, que algún día los dioses reconozcan mis buenos actos y me concedan gran prosperidad. Esto nunca, lo han hecho. Al fin, me doy cuenta de que nunca lo harán. Por lo tanto mi corazón está triste. Deseo ser un hombre rico. Deseo poseer mis propias tierras y ganado, tener ropa fina y dinero en el bolsillo. Estoy dispuesto a trabajar por esas cosas, con todas las fuerzas de mi espalda, con toda la habilidad de mis manos, con toda la sagacidad de mi mente; pero deseo que mis trabajos sean justamente recompensados. ¿Qué pasa con nosotros? ¡Otra vez pregunto!

¿Por qué no tenemos nuestra justa participación de las cosas buenas, tan abundante para aquellos que tienen el oro con el cual comprarlas?

–¡Quisiera saber la respuesta! –replicó Kobbi-. No estoy más satisfecho que tú. Lo que gano con mi lira se va rápidamente. A menudo debo planear y proyectar para que mi familia no tenga hambre. También dentro de mi pecho existe el profundo anhelo por una lira mejor, que pueda verdaderamente tocar las notas de música que surjan de mi mente. Con tal instrumento podría hacer una música más hermosa que la que el rey ha escuchado antes.

–Tú deberías de tener tal lira. Ningún hombre en toda Babilonia podría tocarla así, tan dulcemente que no sólo el rey, sino los mismos dioses se deleitarían. Pero puedes asegurarlo: ¡somos tan pobres como los esclavos del rey! ¡Escucha la campana! ¡Aquí vienen! –Bansir señaló la larga columna de sudorosos, acarreadores de agua semidesnudos que ajetreaban laboriosamente, desde las estrechas calles del río; de cinco en cinco marcaban, cada uno doblado bajo la pesada bota de piel de cabra llena de agua.

–Una buena figura de hombre, el que los conduce –Kobbi señaló al campanero que marchaba al frente sin carga-. Un hombre prominente en su propio país, es fácil de ver.

–Hay muy buenas figuras de hombre en la fila –asintió Bansir-, tan buenos como nosotros. Hombres altos, y rubios del norte, sonrientes negros del sur, morenos bajitos de los países cercanos. Todos marchando juntos desde el río hasta los jardines, de arriba para abajo, día tras día, año tras año. Ninguna felicidad les espera. Lechos de paja sobre los cuales duermen, potaje de grano duro para comer. Piedad para los pobres brutos, Kobbi.

–También yo los compadezco. Aunque me haces ver qué poco mejor estamos nosotros los hombres libres, como nos hacemos llamar- comentó Kobbi.

–Es cierto, Kobbi, ¡Qué desagradable verdad!. No deseamos continuar año tras año viviendo vidas de esclavos. ¡Trabajando, trabajando, trabajando, sin conseguir nada.

–¿No podríamos averiguar como otros consiguen oro y hacer lo que ellos hacen? – inquirió Kobbi.

–Tal vez haya algún secreto que podamos aprender, si preguntamos a aquellos que saben – replicó Bansir pensativamente.

–Hoy mismo –dijo Kobbi- pasó nuestro viejo amigo Arkad manejando su dorado carruaje. Te diré esto: no miró sobre mi humilde cabeza como muchos de su condición pudieran considerar su derecho. En lugar de eso, agitó su mano para que todos los espectadores pudieran verlo saludar y conceder su sonrisa de amistad a Kobbi, el músico.

–Se dice que es el hombre más rico de toda Babilonia –meditó Bansir.

–Tan rico, que aseguran que el rey busca su consejo en asuntos del Tesoro Real –replicó Kobbi.

–Tan rico –interrumpió Bansir—que temo que si me lo encontrara en la oscuridad de la noche, pondría mis manos sobre su repleta cartera.

–¡Qué disparate! –reprobó Kobbi—. La riqueza de un hombre no está en la bolsa que lleva. Una bolsa repleta fácilmente se vacía; si no hay una corriente que la vuelva a llenar. Arkad tiene un ingreso que constantemente mantiene su bolsa repleta, no importa cuán liberalmente gaste.

–Ingreso, ¡ésa es la cuestión! –exclamó Bansir-. Quisiera un ingreso que se mantuviera fluyendo en mi bolsa, sin importar si me siento sobre el muro o viajo por lejanas tierras. Arkad debe saber cómo un hombre puede hacerse de un ingreso para sí mismo.

¿Supones que haya algo que él pudiera, explicar a una mente tan lenta como la mía?

–Creo que enseñó sus conocimientos a su hijo Nomasir –respondió Kobbi-. Se dice que fue a Nínive, y en la posada llegó a convertirse en rico, sin ayuda del padre, uno de los hombres más ricos de esa ciudad.

–Kobbi, me trajiste un raro pensamiento –una nueva luz brillaba en los ojos de Bansir-. No cuesta nada pedir un consejo sabio de un buen amigo, y Arkad fue siempre eso. No importa que nuestras bolsas estén tan vacías como el nido del halcón hace un año. Que eso no nos detenga. Estamos cansados de estar sin oro en medio de la plenitud. Deseamos convertirnos en ricos. Ven, vamos con Arkad y preguntémosle cómo nosotros también podríamos conseguir ingresos.

–Hablas con verdadera inspiración, Bansir. Traes a mi mente un nuevo entendimiento. Me haces darme cuenta de la razón por la que nunca hemos encontrado ninguna riqueza. Nunca la buscamos. Tú has laborado pacientemente para construir lo más seguros carruajes de Babilonia. A ese propósito has dedicado tus mejores esfuerzos. Por eso tuviste éxito. Yo me esforcé en hacerme un diestro tocador de lira. Y en ello tuve éxito. En aquellas cosas hacia las cuales dirigimos nuestros mejores esfuerzos, tenemos éxito. Los dioses están contentos de dejarnos continuar así. Ahora, al fin, vemos una luz que brilla como la del sol al amanecer. Nos ofrece aprender más para que podamos prosperar más. Con una nueva comprensión, encontraremos medios honorables para alcanzar nuestros deseos.

–Vamos a ver a Arkad hoy mismo –urgió Bansir-. También pidamos a nuestros amigos de la infancia, a quienes no les ha ido mejor que a nosotros, que se nos unan, pues ellos también pueden compartir su sabiduría.

–Tú siempre piensas en tus amigos, Bansir. Por eso tienes tantos. Será como tú dices. Iremos hoy y los llevaremos con nosotros.

2 - El Hombre Más Rico De Babilonia

En la vieja Babilonia vivió un cierto hombre muy rico llamado Arkad. A lo largo y a lo ancho era famoso por su gran riqueza. También era famoso por su liberalidad. Era generoso con sus obras de beneficiencia. Era generoso con su familia. Era liberal en sus propios gastos. Pero sin embargo cada año su riqueza aumentaba más rápidamente que lo que gastaba.

Y hubo ciertos amigos de su juventud que llegaron a él y le dijeron:

–Tú, Arkad, eres más afortunado que nosotros. Te has convertido en el hombre más rico de toda Babilonia mientras nosotros luchamos por sobrevivir. Tú puedes usar las más finas prendas y puedes disfrutar las comidas más raras, mientras nosotros debemos contentarnos si podemos vestir a nuestras familias con prendas que estén presentables y alimentarlas lo mejor que podemos.

No obstante, una vez fuimos iguales. Estudiamos con el mismo maestro, jugamos los mismos juegos. Y ni en los estudios, ni en los juegos nos sobrepasaste. Y desde esos años no has sido un ciudadano más honorable que nosotros.

Ni has trabajado más duro ni más fielmente, en cuanto a lo que podemos juzgar. ¿Por qué entonces, debe la caprichosa suerte señalarte para disfrutar todas las cosas buenas de la vida e ignorarnos a quienes somos igualmente merecedores?

Al punto, Arkad les objetó diciendo:

–Si ustedes no han conseguido más que una simple existencia en los años desde que éramos jóvenes, es por que ustedes o han fallado en aprender las leyes que gobiernan la construcción de la riqueza, o no las observan.

La "Suerte Caprichosa" es una diosa viciosa que no trae ningún bien permanente a nadie. Por el contrario, trae ruina a casi cada hombre sobre quien hace llover el oro que él mismo no ha ganado. Los convierte en descarados derrochadores que pronto disipan todo lo que reciben, y los deja acosados por abrumadores apetitos y deseos que ellos no tienen la habilidad para satisfacer. No obstante, otros a quienes ella favorece se vuelven avaros y atesoran su riqueza, temiendo gastarla y sabiendo que no poseen la habilidad para reemplazarla. Éstos están acosados además por el temor a los ladrones y se condenan a una vida vacía y miserable.

Probablemente hay otros que toman el oro que no han ganado y lo aumentan y continúan siendo ciudadanos contentos y felices. Pero son muy pocos los que logran esto. Yo los conozco simplemente de oídas. Piensen en los hombres que han heredado repentinamente una riqueza, y vean si estas cosas no son así.

Sus amigos admitieron que en cuanto respecta a los hombres que conocían y que habían heredado riquezas, estas palabras eran verdaderas, y le suplicaron les explicara cómo había llegado él a poseer tanta prosperidad, así que él continuó:

–En mi juventud miré a mi alrededor y vi todas las cosas buenas que traen felicidad y contento. Y me di cuenta de que la riqueza aumenta la potencia de todas esas cosas.

La riqueza es poder. Con la riqueza muchas cosas son posibles. Uno puede ornamentar el hogar con los muebles más finos.Uno puede navegar por mares distantes.

Uno puede comer las delicias de lejanas tierras.

Uno puede comprar ornamentos de oro y esculturas. Uno podría construir imponentes templos a los dioses.

Uno puede hacer todas estas cosas y muchas otras en las cuales hay deleite para los sentidos y satisfacción para el alma.

Y cuando me di cuenta de todo esto, decidí que yo reclamaría mi participación de las cosas buenas de la vida. Yo no sería uno de aquellos que se apartan para observar envidiosamente a otros disfrutar. No estaría contento con vestirme con las prendas más baratas que se vieran respetables. No estaría satisfecho como muchos hombres pobres. Por el contrario, me haría un invitado a este banquete de cosas buenas.

Siendo –como ustedes saben—el hijo de un humilde comerciante, uno de una gran familia sin esperanza de una herencia, y no siendo dotado –como ustedes francamente lo han dicho—con poderes superiores o sabiduría, decidí que si iba a conseguir lo que deseaba, se iba a requerir tiempo y estudio.

Por lo que respecta al tiempo, todos los hombres lo tienen en abundancia. Cada uno de ustedes ha dejado escapar el tiempo suficiente para hacerse ricos. Incluso ustedes lo admiten, no tienen nada que mostrar excepto sus buenas familias, de las cuales pueden estar justamente orgullosos.

Por lo que respecta al estudio, ¿no nos enseñó nuestro sabio maestro que el aprendizaje era de dos tipos? Una tipo eran las cosas que aprendemos y sabemos, y la otra el adiestramiento que nos enseña a averiguar lo que no sabemos. Por lo tanto decidí averiguar cómo podría acumular riqueza; y cuando lo hubiera averiguado, hacer de esto mi tarea y hacerla bien. Pues ¿no es sabio que disfrutemos mientras vivamos en la brillantez de la luz del sol, ya que suficientes penas descenderán sobre nosotros cuando portamos a la oscuridad del mundo del espíritu?

Encontré empleo como escriba en el registro civil y por largas horas todos los días trabajaba sobre las tabillas de arcilla. Semana tras semana y mes tras mes, yo trabajaba y, no obstante mis ganancias no tenían nada que mostrar. La comida, la ropa y la penitencia a los dioses, y otras cosas que no puedo recordar, absorbían todas mis ganancias. Pero mi determinación no me dejó.

Y un día Algamish, el prestamista, vino al taller de grabados de mi maestro y ordenó una copia de la Novena Ley y me dijo:

—Debo tener esto en dos días; y si la tarea se hace en ese tiempo, te daré dos peniques.

Así que trabajé duro, pero la Ley era larga; y cuando Algamish regresó, la tarea estaba incompleta. Se enojó, y si hubiera sido su esclavo, me habría golpeado. Pero sabiendo que mi maestro no le permitía golpearme, yo no tenía miedo, así que le dije:

—Algamish, tú eres un hombre muy rico. Dime cómo puedo ser rico yo también, y toda la noche grabaré sobre la arcilla; y cuando el sol salga, estará terminada.

Sonrió y me replicó:

—Eres un pícaro descarado, pero haremos ese trato.

Toda la noche grabé, aunque me dolía la espalda y el olor de la mecha hizo que me doliera la cabeza, casi hasta que mis ojos no pudieron ver. Pero cuando él regresó, a la salida del sol, las tabillas estaban terminadas.

—Ahora —dije — cumple lo que me prometiste.

—Tú has completado tu parte de nuestro trato, mi hijo —me dijo amablemente—y yo estoy listo para completar la mía. Te diré estas cosas que deseas saber porque estoy envejeciendo, y a una lengua vieja le gusta moverse. Y cuando la juventud viene a la vejez por consejo, recibe la sabiduría de los años. Pero también, a menudo la juventud cree que la vejez sabe solamente la sabiduría de los días que se fueron y por lo tanto no les beneficia. Pero recuerda esto: el sol que brilla hoy, es el sol que brilló cuando tu padre nació, y aún estará brillando cuando tu último nieto pase a la oscuridad.

Los pensamientos de la juventud son luces brillantes que destellan como los meteoros que hacen brillar al cielo; pero la sabiduría de la vejez es como las estrellas, fijas que brillan constantemente permitiendo a los marineros poder depender de ellas y guiar su curso. Graba bien mis palabras, pues si no lo haces fallarás en comprender la verdad que voy a decirte y pensarás que el trabajo de anoche ha sido en vano.

Entonces me miró astutamente desde debajo de sus peludas cejas y dijo en un tono bajo y fuerte:

—Encontré el camino a la riqueza cuando decidí que *una parte de todo lo que ganaba era mía para ahorrarla.* Y así también lo deberás hacer tú.

Luego continuó observándome con una mirada que yo podía sentir que me penetrababa, pero no dijo más.

—¿Es eso todo? –pregunté.

—Eso fue suficiente para transformar el corazón de un pastor en el corazón de un prestamista –contestó.

—Pero *todo* lo que gano es mío, ¿no es así? –repliqué.

—¡Qué va! –contestó--. ¿No le pagas al sastre? ¿No pagas por todo lo que te comes? ¿Puedes vivir en Babilonia sin gastar? ¿Qué tienes que mostrar de tus ganancias del mes pasado? ¿Qué del año pasado? ¡Tonto! Les pagas a todos menos a ti mismo. Estúpido, trabajas para otros. Además eres un esclavo y trabajas para que tu amo te dé de comer y vestir. Si tú ahorras para ti una décima parte de todo lo que ganas, ¿cuánto tendrías en diez años?

Mi conocimiento de los números no me abandonó y contesté:

—Tanto como lo que gano en un año.

—Solo dices medias verdades –replicó-. Cada moneda de oro que tú ahorras es un esclavo que trabaja para ti. Cada penique que se agrega es su hijo, que también puede ganar para ti. Si tú llegaras a ser rico, entonces todo lo que ahorras debe aumentar, y los hijos de tus ahorros deben aumentar, pues todo puede ayudar a darte la abundancia que tú anhelas.

–Tú crees que te engañé por tu larga noche de trabajo –continuó--, pero te estoy pagando mil veces más, si tienes la inteligencia de comprender la verdad que te ofrezco.

Una parte de todo lo que ganes es tuya para ahorrar. No deberá ser menos de una décima parte, no importa qué tan poco ganes. Puede ser tanto como tú te lo puedes permitir. Págate tú primero. No compres del sastre y del zapatero más de lo que puedes pagar del resto; y todavía deja suficiente para comida, caridad y penitencia a los dioses.

Y agregó:

–La riqueza, como un árbol, crece de una pequeña semilla. El primer penique que ahorras es la semilla de la cual tu árbol de riqueza crecerá. Y entre más fielmente lo nutras y lo riegues con constantes ahorros, más pronto podrás descansar plácidamente bajo su sombra.

Y diciendo eso, tomó sus tablillas y se alejó.

Pensé mucho acerca de lo que me había dicho, y me pareció razonable. Así que decidí intentarlo. Cada vez que se me pagaba tomaba una de cada diez monedas de cobre y la escondía. Y extraño como pudiera parecer, no estaba más corto de fondos que antes. Noté poca diferencia a medida que conseguía pasármela sin ella. Pero a menudo estaba tentado, conforme mi caudal comenzaba a crecer, de gastarlo en alguna de las buenas cosas que los comerciantes exhibían, traídas en camellos y barcos desde la tierra de los fenicios. Pero sabiamente me reprimí.

Doce meses después, Algamish regresó y me dijo:

–Hijo, ¿Te has pagado a ti mismo no menos de una décima parte de lo que has ganado el año pasado?

Yo contesté orgullosamente:

–Sí, maestro, así lo he hecho.

–Eso está muy bien –me contestó alegremente-. ¿Y qué has hecho con ello?

Se lo he dado a Azmur, el fabricante de ladrillos, quien me dijo que, estaba viajando por los lejanos mares y que en Tiro él me compraría joyas raras de los fenicios. Cuando regrese las venderemos a un alto precio y dividiremos las ganancias.

–Cada tonto debe aprender –gruñó-. Pero ¿por qué confías en el conocimiento de un ladrillero acerca de joyas? ¿Irías con el panadero para preguntarle acerca de las estrellas? No, por mi túnica, irías con el astrólogo, si tuvieras el poder de pensar. Tus ahorros se fueron, joven. Has arrancado de raíz tu árbol de la riqueza. Pero siembre otro. Inténtalo de nuevo. Y la próxima vez si quieres consejo acerca de joyas, ve con el joyero. Si quieres saber la verdad acerca de las ovejas, ve con el pastor. El consejo es una cosa que se da gratis, pero observa de tomar solamente el que vale la pena. El que toma consejo acerca de sus ahorros de un   inexperto en tales asuntos, pagará con sus ahorros para probar la falsedad de sus opiniones.

Diciendo esto se alejó.

Y fue como él dijo, pues los fenicios eran sinvergüenzas y vendieron a Azmur cuentas de vidrio sin valor que se veían como piedras preciosas. Pero –como Algamish me había dicho— otra vez ahorré la décima parte, pues ahora había formado el hábito y ya no me resultó muy difícil.

Otra vez, doce meses más tarde, Algamish llegó al cuarto de los escribientes y se dirigió a mí:

–¿Qué progreso tienes desde la última vez que te vi?

–Me he pagado fielmente –le contesté—y mis ahorros los he confiado a Aggar, el fabricante de escudos, para comprar bronce, y cada cuarto meses me paga los intereses.

–Eso está muy bien. ¿Y qué haces con los intereses?

–Me doy un gran festín con miel, buen vino y pastel de especies. También me compré una túnica escarlata. Y algún día me compraré un burro joven sobre el cual montaré.

De lo cual Algamish se rió:

–Tú te comes los hijos de tus ahorros. Luego ¿cómo esperas que ellos trabajen para ti? Como piensas que sus hijos   pueden ser de beneficio para ti.Primero consigue un ejército de esclavos dorados y luego podrás disfrutar sin remordimiento muchos banquetes.

Y diciendo esto, otra vez se fue.

No lo volví a ver durante dos años. Cuando retornó, su cara estaba llena de profundas arrugas y sus ojos hundidos, pues se estaba poniendo muy anciano. Me dijo:

—Arkad ¿ya has conseguido la riqueza que soñabas? Yo contesté:

—Todavía no toda la que deseo; pero tengo algo y ella gana más, y sus ganancias ganan más.

—¿Y todavía tomas consejos de ladrilleros?

—Referente a fabricar ladrillos, me dan muy buenos consejos – contesté.

—Arkad —continuó--, has aprendido tus lecciones muy bien. Primero aprendiste a vivir con menos de lo que ganas. Después aprendiste a buscar consejo de aquellos que son competentes, a través de su propia experiencia, para dártelo. Y últimamente has aprendido a hacer que el oro trabaje para ti.

Has aprendido por ti mismo cómo conseguir dinero, cómo conservarlo y cómo usarlo. Por lo tanto, eres competente para una posición responsable. Me estoy haciendo viejo. Mis hijos piensan solamente en gastar y no piensan en ganar. Mis intereses son grandes y temo que no los podré cuidar. Si tú fueras a Nippur y cuidaras mis tierras allí, te haría mi socio y compartirías mis terrenos.

Así que me fui a Nippur y me hice cargo de sus posesiones que eran muy grandes. Yo estaba lleno de ambición. Y debido a que había dominado las tres leyes del manejo exitoso de la riqueza, estuve listo para aumentar grandemente el valor de sus propiedades. Así prosperé mucho, y cuando el espíritu de Algamish partió para la esfera de la oscuridad yo compartí su terreno, como él había arreglado ante la ley.

Así habló Arkad, y cuando hubo terminado su cuento, uno de sus amigos dijo:

—Tú fuiste ciertamente muy afortunado de que Algamish te hiciera un heredero.

−Afortunado únicamente en que yo tenía el deseo de prosperar antes de conocerlo. ¿Pues no probé por cuatro años mi definitivo propósito de ahorrar un décimo de todo lo que ganaba? ¿Llamarías afortunado a un pescador que por años ha estudiado los hábitos de los peces y que con cada cambio de viento pudiera echar sus redes sobre ellos? La oportunidad es una diosa arrogante que no desperdicia tiempo con aquellos que no están preparados.

−Tú tuviste mucha fuerza de voluntad después de que perdiste tus ahorros del primer año. Tú eres único en esa forma −dijo otro.

−¡Fuerza de voluntad! −protestó Arkad−. ¡Qué disparate! ¿Crees que la fuerza de voluntad da a un hombre la fuerza de levantar un bulto que un camello no puede cargar, o empujar una carga que los bueyes no pueden mover? La fuerza de voluntad es el invariable propósito de llevar una tarea, que tú mismo te impusiste, hasta su cumplimiento. Si me impongo una tarea, así sea la más frívola, yo la termino. ¿De qué otra manera tendría confianza en mí mismo para hacer cosas importantes? Si me dijera a mi mismo: "Por cien días conforme cruce el puente de la ciudad, recogeré una piedrecita del camino y lo arrojaré a la corriente", yo lo haría. Si al séptimo día pasara sin acordarme, no me diría: "Mañana arrojaré dos piedrecitas, lo cual será lo mismo". En lugar de eso regresaré y arrojaré la piedrecita. Tampoco al vigésimo día me diré: "Arkad, esto no tiene caso; ¿en qué te beneficias al arrojar una piedrecitas cada día? Arroja un puñado y termina con eso". No, yo no diría eso ni lo haría. Cuando me impongo una tarea, la termino. Por lo tanto, me cuido de no comenzar tareas difíciles o imprácticas, porque adoro el descanso.

Entonces otro amigo habló y dijo:

−Si lo que dices es verdad, y parece razonable lo que dices, entonces sería tan simple. Pero si todos los hombres lo hicieran así, no habría suficiente riqueza para todos.

−La riqueza crece dondequiera que los hombres ejercen energía −replicó Arkad−. Si un hombre rico se construye un nuevo palacio, ¿se va el dinero que paga? No, el fabricante de ladrillos tiene una parte de él, el obrero tiene una parte de él, y el artista tiene una parte de él. Y todos los que trabajan en el palacio tienen una parte de él. Incluso cuando el palacio está terminado, ¿no vale todo lo que costó? Y el terreno sobre el cual se construyó, ¿no vale más debido a él? La riqueza crece en formas mágicas. Ningún hombre puede profetizar sus límites. Los fenicios ¿no han construido grandes ciudades en costas estériles, con la riqueza que viene en sus barcos del comercio marítimo?

–Entonces, ¿qué nos aconsejas que hagamos, para que nosotros también podamos hacernos ricos? –preguntó otro de sus amigos- Los años han pasado, ya no somos jóvenes, y no tenemos nada que guardar.

–Yo les aconsejo que tomen la sabiduría de Algamish y se digan: *Una parte de todo lo que gano es mía para ahorrarla.* Dilo en la mañana al despertar. Díganlo en la noche. Díganlo a cada hora, cada día. Dígansenlo a ustedes mismos hasta que las palabras se destaquen como letras de fuego a través del cielo.

Impresiónense con la idea. Llénense con ese pensamiento. Luego tomen cualquier porción que les parezca razonable. Que no sea menos de la décima parte. Y ahórrenla. Arreglen sus otros gastos para hacer esto posible. Pero ahorren esa porción primero. Pronto se darán cuenta de qué sentimiento tan poderoso es poseer un tesoro sobre el cual únicamente ustedes pueden reclamar. Conforme crezca, los estimulará. Una nueva alegría de vida los emocionará. Desarrollarán mayores esfuerzos para ganar más. Pues con sus ganancias aumentadas ¿no será el mismo porcentaje también de ustedes, para ahorrarlo?

Luego aprendan a hacer que sus tesoros trabajen para ustedes. Háganlos sus esclavos, hagan que sus hijos y los hijos de sus hijos trabajen para ustedes.

Aseguren un ingreso para el futuro. Observen a los ancianos y no olviden que vendrán los días en que ustedes también serán como ellos. Por lo tanto, inviertan sus tesoros con gran precaución, para que no los pierdan. Las tasas asureras de reembolso son engañosas sirenas que cantan para atraer a los incautos contra las rocas de pérdida y remordimiento.

Provean, también, que sus familias no queden en la indigencia, si los dioses lo llamaran a su reino. Pues tal previsión es siempre posible de hacer con pequeños pagos a intervalos regulares. Por lo tanto, el hombre previsor no demora, en espera de tener una gran suma, para tan sabio propósito.

Asesórense de hombres sabios. Busquen el consejo de hombres cuyo trabajo diario sea el manejo de dinero. Que ellos les eviten un error como el que yo cometí al confiar mi dinero al juicio de Azmur, el ladrillero. Un reembolso pequeño pero seguro es más deseable que un riesgo.

Disfruten la vida mientras estén aquí. No se esfuercen demasiado ni traten de ahorrar mucho. Si un décimo de lo que ganan, es todo de lo que ustedes pueden cómodamente ahorrar, estén contentos con ahorrar esa porción. Vivan de acuerdo con sus ingresos, y no se hagan miserables y temerosos de gastar. La vida es buena y es rica de cosas que vale la pena disfrutar.

Sus amigos le dieron las gracias y se alejaron. Algunos estaban silenciosos porque no tenían imaginación y no podían comprender. Otros fueron sarcásticos, porque pensaban que un hombre tan rico debería compartir su fortuna con sus viejos amigos no tan afortunados. Pero algunos otros tenían una nueva luz en sus ojos. Estos se dieron cuenta de que Algamish había regresado cada vez al lugar de los escribientes porque estaba observando cómo trabajaba un hombre para salir de la oscuridad a la luz. Cuando ese hombre hubo encontrado la luz, un lugar lo estaba esperando. Nadie podía ocupar ese lugar hasta que él hubiera, por sí mismo, tenido éxito con su propio entendimiento, hasta que él estuviera listo para una oportunidad.

Esos últimos fueron los únicos que, en los años siguientes, visitaron frecuentemente a Arkad, quien los recibía amablemente. Los aconsejaba y les daba gratuitamente su sabiduría, como los hombres de amplia experiencia están siempre dispuestos a dar. Les ayudaba en invertir sus ahorros, para que obtuvieran un buen interés con seguridad; no había pérdida ni los enredaba en inversiones que no pagaban dividendos.

El cambio en la vida de estos hombres se produjo aquel día, cuando se dieron cuenta de la verdad que había sido transmitida de Algamish a Arkad a ellos.

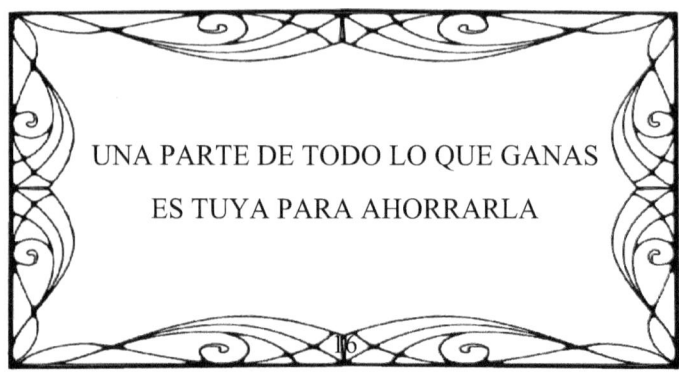

UNA PARTE DE TODO LO QUE GANAS
ES TUYA PARA AHORRARLA

3 - Los Siete Remedios Para Una Bolsa Pobre

La gloria de Babilonia perdura. A través de las épocas su reputación nos llega como la más rica de las ciudades; sus tesoros eran fabulosos.

Sin embargo, no fue siempre así. Los ricos de Babilonia fueron el resultado de la sabiduría de su pueblo. Ellos tuvieron primero que aprender cómo hacerse ricos.

Cuando el buen rey Sargón regresó a Babilonia después de derrotar a sus enemigos, los Elamitas, se encaró con una seria situación. El Canciller Real se la explicó así:

Después de muchos años de gran prosperidad para nuestro pueblo debida a la construcción de los grandes canales de irrigación y los imponentes templos a los dioses por orden de Su Majestad, ahora que estos trabajos se terminaron, el pueblo parece incapaz de sostenerlos.

Los trabajadores están sin empleo. Los comerciantes tienen pocos clientes. Los agricultores no pueden vender sus productos. El pueblo no tiene suficiente dinero para comprar comida.

Pero ¿a dónde se fue todo el oro que gastamos en estas grandes mejoras? –preguntó el rey.

Ha encontrado su camino, me temo –contestó el canciller-, en la posesión de unos cuántos hombres muy ricos de nuestra ciudad. Se filtró a través de los dedos de la mayor parte de nuestro pueblo, tan rápidamente como la leche de cabra pasa a través de un colador. Ahora esa fuente de dinero ha cesado de fluir; mucha de nuestra gente no tiene nada que mostrar de sus ganancias.

El rey estuvo pensativo durante algún tiempo. Entonces preguntó:

¿Por qué tan pocos hombres son capaces de adquirir todo el oro?

Porque ellos saben cómo –contestó el canciller—Uno no puede condenar a un hombre porque sabe cómo tener éxito. Tampoco uno puede con justicia, quitar a un hombre lo que él ha ganado justamente, para dárselos a los hombres con menor habilidad.

–Pero ¿por qué, demandó el rey –no debería toda la gente aprender cómo acumular dinero y por lo tanto hacerse ricos y prósperos?

–Es muy posible, su excelencia. Pero ¿quién puede enseñarles? Los sacerdotes ciertamente no, porque ellos no saben como generar dinero.

—Canciller, ¿quién sabe mejor, en toda nuestra ciudad, cómo hacerse rico? –preguntó el rey.

—La pregunta se contesta por sí misma, Su Majestad; ¿quién ha acaparado la mayor riqueza en Babilonia?

—Bien dicho, mi capaz canciller. Es Arkad. Él es el hombre más rico de Babilonia. Tráelo ante mí mañana.

Al día siguiente, como el rey había decretado, Arkad apareció ante él, erguido y flexible a pesar de sus setenta años.

—Arkad habló el rey, ¿es verdad que eres el hombre más rico de Babilonia?

—Así se rumora, Su Majestad, y ningún hombre lo disputa.

¿Cómo llegastes a ser tan rico?

—Sacando ventaja de las oportunidades accesibles a todos los ciudadanos de nuestra buena ciudad.

—¿No tenias nada al comenzar?

—Solamente un gran deseo de riqueza, nada más.

—Arkad –continuó el rey-, nuestra ciudad es una ciudad muy infeliz. Porque unos pocos hombres, saben cómo conseguir riqueza, y por lo tanto la monopolizan, mientras la masa de nuestros ciudadanos carece del conocimiento de cómo ahorrar una parte del dinero que reciben.

Es mi deseo que Babilonia sea la ciudad más rica del mundo. Por consiguiente, debe ser una ciudad con muchos hombres ricos; y para ello, debemos enseñar a todos cómo hacerse ricos. Dime: Arkad, ¿hay algún secreto para conseguir riqueza? ¿Puede enseñarse?

—Es práctica, Su Majestad. Lo que un hombre sabe, lo puede enseñar a otros. Los ojos del rey brillaron.

—Arkad, tú dijiste las palabras que deseaba escuchar. ¿Te prestarías para esta gran causa? ¿Enseñarías tus conocimientos a los maestros en una escuela, para que cada uno de ellos los enseñara a otros, hasta que hubiera suficiente gente adiestrada para enseñar esas verdades sobre tan valiosa materia en mi territorio?

Arkad se inclinó y dijo:

–Soy vuestro humilde servidor para obedecerlo. Cualquier conocimiento que yo posea, gustosamente lo daré para la mayoría de mis semejantes y la gloria de mi rey. Que vuestro buen canciller arregle una clase de cien hombres y yo les enseñaré los siete remedios que engordaron mi bolsillo, para que no haya ningún pobre en toda Babilonia.

Una noche después, en cumplimiento a los mandatos del rey, los cien escogidos se reunieron en el gran vestíbulo del Templo de Aprendizaje, sentados en semicírculo sobre coloridos asientos. Arkad se sentó junto a un pequeño taburete, sobre el cual fumaba una lámpara sagrada que emanaba un extraño y placentero olor.

–Contempla al hombre más rico de Babilonia –susurró un estudiante, codeando a su vecino a medida que Arkad se incorporaba-. No es más que un hombre igual al resto de nosotros.

–Como un obediente sujeto de nuestro gran rey –principió Arkad--, estoy ante ustedes a su servicio. Porque una vez fui un joven pobre que deseaba grandemente oro, y por que encontré el conocimiento que me capacitó para conseguirlo, él me pide que les imparta mis conocimientos.

Yo comencé mi fortuna en la forma más humilde.

No tuve ninguna ventaja comparado con los que disfrutan ustedes y cada ciudadano de Babilonia.

El primer almacén de mi tesoro fue una bolsa muy usada. Detestaba su inútil vaciedad. Deseaba que estuviera repleta, resonante con el sonido del oro. Por consiguiente, busqué los remedios para una bolsa pobre. Y encontré siete.

A ustedes, que están reunidos ante mí, les explicaré estos siete remedios que recomiendo a todos los hombres que deseen mucho oro. Cada día, durante siete días, les explicaré uno de los siete remedios.

Escuchen atentamente el conocimiento que les impartiré. Debatan conmigo. Discútanlo entre ustedes. Aprendan estas lecciones a fondo, para que puedan también sembrar en su propia bolsa la semilla de la riqueza. Primero cada uno de ustedes debe comenzar a forjar su propia fortuna sabiamente. Luego serán competentes, y solamente entonces enseñarán estas verdades a otros.

–Les enseñaré, en una forma simple, cómo engordar sus bolsas.

Éste es el primer escalón que conduce al templo de la riqueza, y ningún hombre puede escalar si no planta bien sus pies sobre el primer escalón. Consideremos ahora el primer remedio.

EL PRIMER REMEDIO:
COMIENZA A LLENAR TU BOLSA

Arkad se dirigió a un hombre pensativo de la segunda fila.

—Mi buen amigo, ¿en qué oficio trabajas?

—Yo –replicó el hombre—soy un escribiente y grabo registros sobre las tabillas de arcilla.

También yo gané mi primer penique en tales trabajos. Por lo tanto, tú tienes la misma oportunidad de forjar una fortuna.

Le habló luego a un hombre de cara enrojecida, sentado más atrás.

—Suplicó también que me digas cómo ganas tu pan.

—Soy carnicero –respondió este hombre-. Y compro las cabras que los granjeros crían, las mato, y vendo la carne a las amas de casa y las pieles a los fabricantes de sandalias.

—Porque tú también trabajas y ganas, tienes las mismas posibilidades que yo.

En esta forma, Arkad procedió a averiguar en qué trabajaba cada hombre para ganarse la vida. Cuando les hubo preguntado a todos, dijo:

—Ahora, mis estudiantes, ustedes pueden ver, que hay muchos oficios y trabajos en los cuales los hombres pueden ganar dinero. Cada una de las formas de ganar es una fuente de oro del cual el trabajador aparta, por su trabajo, una porción para su propia bolsa. Por lo tanto, a la bolsa de cada uno de ustedes fluye una fuente de dinero, mayor o menor de acuerdo a sus habilidades ¿No es así?

Ellos estuvieron de acuerdo en que así era.

—Entonces –continuó Arkad--, si cada uno de ustedes desea forjarse una fortuna, ¿no es sabio comenzar a utilizar esa fuente de riqueza que ya se ha establecido?

Todos estuvieron de acuerdo en esto.

Luego Arkad se dirigió a un hombre humilde que había declarado ser un comerciante de huevos.

–Si tú seleccionas una de tus canastas y pones en ella diez huevos cada mañana, y sacas cada noche nueve huevos, ¿qué sucederá?

–Con el tiempo estará rebosando.

–¿Por qué?

Porque, cada día pongo un huevo más. Arkad se dirigió a la clase con una sonrisa.

–¿Algún hombre de aquí tiene una bolsa pobre?

Primero todos se miraron divertidos. Luego rieron. Finalmente agitaron sus bolsas en broma.

–Muy bien –continuó--. Ahora les diré el primer remedio para curar una bolsa pobre. Hagan exactamente como le sugerí al comerciante de huevos. *Por cada diez monedas que coloquen dentro de la bolsa, saquen para gastar solamente nueve. La bolsa comenzará a engordar inmediatamente y su creciente peso en sus manos traerá satisfacción a sus almas.*

No se mofen de lo que digo por su simplicidad. La verdad es siempre simple. Les dije que les contaría cómo forjé mi fortuna. Ése fue mi principio. Yo también llevaba una bolsa pobre y la maldecía porque no había nada en ella para satisfacer mis deseos. Pero cuando empecé a sacar de mi bolsa solamente nueve partes de diez que ponía dentro de ella, empezó a engordar. Así sucederá con la de ustedes.

Ahora les diré una extraña verdad, cuya razón no conozco. Cuando cesé de pagar más de nueve décimas de mis ganancias logre las metas de igual manera, no estuve más pobre que antes. Seguramente es una ley de los dioses que, para aquel que ahorra y no gasta una cierta parte de todo lo que gana, el oro le vendrá más fácilmente. Asimismo el oro evitará a aquel cuya bolsa está vacía.

¿Qué desean ustedes más? ¿La satisfacción de sus deseos de cada día, una joya, un poco de gala, mejores prendas de vestir, más comida, cosas que rápidamente se van o se olvidan? ¿O las pertenencias sustanciales, oro, tierras, ganado, mercancías, inversiones que traigan ingresos? Las monedas que sacan de su bolsa traen las primeras ganancias. Las monedas que dejen en ella traerán a estas últimas.

Éste, mis estudiantes, fue el primer remedio que yo descubrí para mi bolsa pobre: *por cada diez monedas que ponía dentro de ella, gastaba solamente nueve.* Debatan esto entre ustedes. Si algún hombre prueba que es falso, me lo dirá mañana cuando nos reunimos otra vez.

EL SEGUNDO REMEDIO: CONTROLA TUS GASTOS

–Algunos de ustedes, mis estudiantes, me han preguntado esto: "¿Cómo puede un hombre ahorrar en su bolsa un décimo de todo lo que gana, cuando todas las monedas que gana no son suficientes para sus gastos necesarios?" –así se dirigió Arkad a sus estudiantes el segundo día.

–Ayer ¿cuántos de ustedes llevaban bolsillos vacíos?

–Todos nosotros –contestó la clase.

–Sin embargo, no todos ganan lo mismo. Algunos ganan más que otros. Algunos tienen familias más grandes que sustentar. Aun así todas las bolsas estaban igualmente pobres. Ahora les diré una extraña verdad acerca de los hombres y los hijos de los hombres. Ésta es: lo que cada uno de nosotros llama nuestros "gastos necesarios" crecerá siempre en proporción a nuestros ingresos, a menos que protestemos lo contrario.

No confundan sus gastos necesarios con sus deseos. Cada uno de ustedes, junto con sus buenas familias, tiene más deseos que los de sus ganancias pueden satisfacer. Por lo tanto, sus ganancias se gastan en satisfacer estos deseos hasta donde se puede. Y aún así conservan muchos deseos insatisfechos.

Todos los hombres están cargados con más deseos de los que pueden satisfacer. ¿Creen que yo, debido a mi riqueza, puedo satisfacer cada deseo? Esta es una idea falsa. Hay límites para mi tiempo. Hay límites para mi fuerza. Hay límites para la distancia que puedo viajar. Hay límites para todo lo que puedo comer. Hay límites para el deleite que puedo disfrutar.

Yo les digo que así como la maleza crece en un campo donde el granjero deja espacio para sus raíces, así libremente los deseos crecen en los hombres siempre que hay una posibilidad de satisfacerlos. Sus deseos son una multitud, y aquellos que ustedes pueden satisfacer son unos pocos.

Estudien reflexivamente sus hábitos de vida. Aquí se puede encontrar muy a menudo ciertos gastos aceptados que sabiamente que pueden reducir o eliminar. Que su lema sea exigir a cada moneda gastada el cien por ciento de su valor estimado.

Por lo tanto, graben sobre la arcilla cada cosa por la cual desean gastar. Seleccionen aquellas que son necesarias y otras que son posibles a través del gasto de los nueve décimos de su ingreso. Eliminen el resto y considérenlo sólo una parte de la gran multitud de deseos que deben seguir insatisfechos y no se arrepienta.

Presupuesten luego sus gastos necesarios. No toquen el décimo que está engordando sus bolsas. Que éste sea su gran deseo que está siendo satisfecho. Sigan trabajando con su presupuesto, sigan ajustándose a él para ayudarse. Háganlo su primer ayudante en defender vuestra bolsa gorda.

Aquí uno de los estudiantes, que usaba una tunica roja y dorada, se levantó y dijo:

—Soy un hombre libre. Y creo que es mi derecho disfrutar las cosas buenas de la vida. Por lo tanto, me rebelo contra la esclavitud de un presupuesto que determine cuánto puedo gastar y en qué. Yo siento que quitaría mucho placer a mi vida y me haría un poco más que un burro de carga.

Arkad le replicó:

—¿Quién, mi amigo, determinaría tu presupuesto?

—Yo mismo lo haría —respondió el protestante.

—Si un burro de carga estuviera en condiciones de presupuestar sus bultos, ¿incluiría en éstos joyas, tapetes y pesadas barras de oro? No. Él incluiría heno y grano y una bolsa de agua para el viaje por el desierto. El propósito de un presupuesto es ayudar a vuestras bolsas a engordar. Esto le asegurara tener sus necesidades y, hasta donde sea posible, sus otros deseos. Y a adiestrarlos para realizar sus mayores anhelos, defendiéndolos de sus deseos casuales. Como una luz brillante en una cueva oscura, un presupuesto deja ver las grietas de sus bolsas y los capacita para detenerlas y controlar sus gastos para propósitos definidos y satisfactorios.

Éste es, entonces, el segundo remedio para una bolsa pobre. *Presupuesten sus gastos para que puedan tener dinero con que pagar sus necesidades, pagar sus disfrutes y satisfacer sus deseos valiosos, sin gastar más que nueve décimos de vuestras ganancias.*

EL TERCER REMEDIO:

HAZ QUE TU ORO SE MUTIPLIQUE

–Contemplen que su bolsillos vacíos está creciendo. Se han disciplinado ustedes mismos para reservar un décimo de todo lo que ganan. Han controlado sus gastos para proteger el creciente tesoro. Ahora consideraremos los medios para poner sus tesoros a trabajar y crecer. El oro en una bolsa es agradable de poseer y satisface a un alma miserable, pero no gana nada. El oro que podamos retener de nuestras ganancias es sólo el principio. Las ganancias que él haga forjarán nuestras fortunas –dijo Arkad el tercer día de su clase--.

Por lo tanto, ¿cómo podemos poner a trabajar a nuestro oro? Mi primera inversión fue desafortunada, pues perdí todo. Este cuento se los relataré más tarde. Mi primera inversión lucrativa fue un préstamo que hice a un hombre llamado Aggar, un fabricante de escudos. Cada año él compraba grandes embarques de bronce del otro lado del mar para usarlos en su oficio. Careciendo de suficiente capital para pagar a los comerciantes, lo pedía prestado de aquellos que tenían dinero extra. Era un hombre honorable. Reembolsaba su préstamo junto con una renta liberal, en cuanto vendía sus escudos.

Cada vez que yo le prestaba a él, le volvía, a prestar la renta que me había pagado. Por lo tanto no sólo mi capital aumentó, sino que sus ganancias también aumentaban. Fue muy satisfactorio tener de regreso estas sumas en mi bolsa.

Yo les digo a ustedes, mis estudiantes, que la riqueza de un hombre no está en las monedas que lleva, en su bolsa; está en el ingreso que él se forma, en el ahorro dorado que fluye continuamente a su bolsa y la mantiene siempre repleta. Eso es lo que cada hombre desea. Eso es lo que ustedes, cada uno de ustedes desea: un ingreso que continúe fluyendo si trabajas o viajas.

Yo he conseguido grandes ingresos. Tan grandes que se me califica como un hombre muy rico. Mis prestamos a Agar fueron mi primer adiestramiento en inversiones productivas. Obteniendo sabiduría de esa experiencia, extendí mis préstamos e inversiones conforme mi capital aumentaba. Desde unas pocas fuentes al principio, desde muchas más tarde, fluyó a mi bolsa un fuentes dorada de riqueza disponible para usar sabiamente en lo que decidiera.

Observen, de mis humildes ganancias había engendrado muchisimos esclavos dorados, cada uno trabajando y ganando más oro. Así como ellos trabajaban para mí, también sus hijos trabajaban, y los hijos de sus hijos, hasta que fue grande el ingreso de sus esfuerzos combinados.

El oro aumenta razonablemente cuando se hacen razonables ganancias como éstas que contaré:

El granjero, cuando nació su primer hijo, llevó diez monedas de plata a un prestamista y le pidió que las conservara en renta para su hijo hasta que tuviera veinte años de edad. Esto hizo el prestamista, y estuvo de acuerdo en que la renta debería ser un cuarto de su valor cada cuatro años. El granjero pidió; debido a que la suma que él había apartado pertenecía a su hijo, pidio que la renta se agregara al capital.

Cuando el muchacho llegó a la edad de veinte años, el granjero fue otra vez con el prestamista a inquirir acerca de la plata. El prestamista le explicó que debido a que la suma había sido aumentada por interés compuesto, las diez monedas de plata originales habían aumentado a treinta y media monedas. El granjero estaba muy complacido y debido a que el hijo no necesitaba el dinero, lo dejó con el prestamista. Cuando el hijo llegó a los cincuenta años de edad – ya el padre había muerto--, el prestamista le pagó el lo acordado, ciento sesenta y siete monedas de plata.

Así, en cincuenta años la inversión se había multiplicado casi diecisiete veces.

Éste es, por lo tanto, el tercer remedio para una bolsa pobre: *pon cada moneda a trabajar para que pueda reproducir su especie como el rebaño del campo y ayude a traerte ingresos, una fuente de riqueza que fluirá constantemente a tu bolsa.*

EL CUARTO REMEDIO:

PROTEGE TUS TESOROS DE POSIBLES PÉRDIDAS

–Al infortunio le gustan las señales relucientes. El oro en la bolsa de un hombre se debe proteger con firmeza, o se perderá. Por lo tanto, es sabio asegurar primero pequeñas cantidades y aprender a protegerlas antes de que los dioses nos confíen cantidades mayores –así habló Arkad el cuarto día de su clase. Todo propietario de oro es tentado por las oportunidades por las cuales parecerían que él podría ganar grandes sumas con sus inversiones en muchos posibles proyectos. A menudo amigos y parientes están ansiosos de participar en tales inversiones y lo urgen a invertir.

El primer principio de inversión es la seguridad para tu capital. ¿Es prudente ser atraído por ganancias mayores cuando se puede perder el capital? Yo digo que no. La penalidad del riesgo es la pérdida probable. Antes de participar con tu tesoro, estudia cuidadosamente cada resolución que se pueda aprovechar con seguridad. No te engañes por tus románticos deseos de hacerte rico rápidamente.

Antes de hacer un préstamo a cualquier hombre, asegúrate de su habilidad para pagar y su reputación, para que tú estes inadvertidamente, haciendo un regalo de tu tesoro obtenido con tanto esfuerzo.

Antes de confiarlo en una inversión en cualquier campo, familiarízate con los peligros que pueden acosarlo.

Mi primera inversión fue una tragedia para mí en aquel tiempo. Los ahorros de un año los confié a un ladrillero llamado Azmur, que estaba viajando por lejanos mares, y en Tiro me compró unas joyas raras de los fenicios. Estas joyas las venderíamos a su regreso y nos dividiríamos las ganancias. Los fenicios eran sinvergüenzas y le vendieron pedazos de vidrio. Mi tesoro se perdió. Hoy mi experiencia me mostraría inmediatamente la locura de confiar a un ladrillero la compra de joyas.

Por lo tanto, yo les puedo aconsejar por la sabiduría obtenida de experiencias, no sean demasiado confiados y puedan proteger los tesoros de los posibles peligros de las inversiones. Mejor es consultar la sabiduría de aquellos experimentados en el manejo de dinero para ganancias. Tal consejo se da gratuitamente para el que lo solicita y puede poseer un valor igual en oro a la suma que consideren invertir. En verdad, tal es su valor actual si les ahorra pérdidas.

Éste es, entonces, el cuarto remedio para una bolsa pobre, y de gran importancia si previene a sus bolsas de ser vaciadas una vez que han llegado a estar bien llenas. *Protege tu tesoro de posibles pérdidas invirtiendo solamente donde el capital esté seguro, donde se pueda reclamar si se desea y donde no fallarás en cobrar un interés justo. Consulta con los hombres sabios. Sigue el consejo de aquellos experimentados en el manejo provechoso del oro. Que su sabiduría proteja tu tesoro de inversiones inseguras.*

EL QUINTO REMEDIO:

HAZ DE TU MORADA UNA INVERSIÓN PROVECHOSA

–Si un hombre separa nueve partes de sus ganancias para vivir y disfrutar de la vida, y si puede convertir alguna de estas partes nueve partes en una inversión rentable sin detrimento de su bienestar, entonces su tesoro crecerá mucho más rápido.

Así habló Arkad a su clase en su quinta lección.

–Muchos de nuestros hombres de Babilonia –continuó—crían a sus familias en indignas vecindades. Pagan a existentes arrendadores rentas liberadas por cuartos donde sus esposas no tienen sitio para cultivar las flores que alegran el corazón de una mujer y sus hijos no tienen lugar donde jugar excepto sucios callejones.

La familia de ningún hombre puede disfrutar completamente la vida a menos que ellos tengan un terreno donde los niños puedan jugar sobre la tierra limpia y donde la esposa pueda no solamente cultivar flores sino ricas legumbres para alimentar a su familia.

Trae alegría el corazón de un hombre comer los higos de sus propios árboles y las uvas de sus propias viñas. Poseer su propia casa y tenerla como un lugar que él está orgulloso de cuidar, le da confianza a su corazón y mayores esfuerzos detrás de todos sus empeños. Por lo tanto, recomiendo que cada hombre posea el techo que cobija a él y a los suyos.

No está más allá de la habilidad de cualquier hombre bien intencionado poseer su propio hogar. ¿No ha extendido ampliamente nuestro gran rey los muros de Babilonia dentro de los cuales hay mucho terreno que está ahora inútil y que se puede comprar por sumas muy razonables?

También les digo a ustedes, mis estudiantes, que los prestamistas con mucho gusto consideran los deseos de los hombres que buscan hogares y tierra para sus familias. Rápidamente les pueden prestar para pagar al fabricante de ladrillo y al constructor, para tan loable propósito, si ustedes pueden mostrarles una razonable porción de la suma necesaria que ustedes mismos han destinado para tal propósito.

Luego cuando se construya la casa, ustedes pueden pagarle al prestamista con la misma regularidad con la que le pagaban al arrendador. Porque cada pago reducirá la deuda con el prestamista, en unos pocos años le pagarán su préstamo.

Luego tu corazón se complacerá porque poseerás por propio derecho una valiosa propiedad y solamente pagarás los impuestos del rey.

También tu buena esposa irá más a menudo a lavar tus túnicas, y cada vez a su regreso puede traer una bota de piel de cabra llena de agua para verter sobre las cosecha.

Así vienen muchas bendiciones al hombre que posee su propia casa. Y grandemente se reducirá su costo de vida, haciendo accesible más de sus ganancias para diversiones y para satisfacción de sus deseos. Éste es entonces el quinto remedio para una bolsa pobre: *posee tu propia casa.*

EL SEXTO REMEDIO:

ASEGURA INGRESOS PARA EL FUTURO

–La vida de cada hombre avanza desde su niñez hasta su vejez. Éste es el camino de la vida y ningún hombre puede desviarse de él a menos que los dioses lo llamen prematuramente al mundo del más allá. Por lo tanto, yo digo que *le corresponde a un hombre hacer preparativos para un apropiado ingreso en los días que se avecinan, cuando él ya no sea joven, y hacer preparativos para su familia para cuando él ya no esté con ellos para confortarlos y sostenerlos.*

Así habló Arkad a su clase el sexto día. Y continuó:

–El hombre que, debido a su comprensión de las leyes de la riqueza, consigue un creciente excedente, debería pensar en esos futuros días y planear ciertas inversiones o previsiones que pueden durar seguramente por muchos años. Aunque siga siendo útil cuando ese tiempo llegue, él ya sabiamente se ha anticipado.

Hay diversas formas por las cuales un hombre puede proveer con seguridad para su futuro. Puede disponer un lugar escondido y allí enterrar su tesoro secreto. Sin embargo, no importa con qué habilidad se esconda, puede llegar a ser un botín para los ladrones. Por tal razón no recomiendo este plan.

Un hombre puede comprar casas o terrenos para este propósito. Si sabiamente los escoge por su utilidad y valor en el futuro, éstos permanecen con su valor, y sus ganancias o su venta lo proveerán bien para su propósito.

Un hombre puede depositar una pequeña suma con el prestamista y aumentarla en períodos regulares. La renta que el prestamista agrega a esta pequeña suma contribuirá en gran parte a su aumento. Yo conozco a un fabricante de sandalias llamado Ansan, quien me explicó no hace mucho que cada semana, durante ocho años, había depositado con su prestamista dos monedas de plata. El prestamista le había dado recientemente una cantidad que lo regocijó grandemente. El total de sus pequeños depósitos, con su renta a la tasa acostumbrada de un cuarto de su valor por cada cuatro años, había ascendido a mil cuarenta monedas de plata.

Yo con mucho gusto lo animé más para demostrarle con mi conocimiento de los números que en doce años más, si él mantenía sus depósitos regulares de dos monedas de plata cada semana, el prestamista le debería cuatro mil monedas de plata, una valiosa subsistencia para el resto de su vida.

Seguramente, cuando estos pequeños pagos hechos con regularidad producen tan redituables resultados, *ningún hombre puede darse el lujo de no asegurar un tesoro para su vejez y la protección de su familia, no importa qué tan prósperos puedan ser sus negocios y sus inversiones.*

Yo podría decir más acerca de esto. En mi mente descansa la creencia de que algún día los hombres de sabio pensamiento diseñarán un plan para asegurar contra la muerte, por medio del cual los hombres paguen una insignificante suma regularmente: el total hace una atractiva suma para la familia de cada miembro que pase al más allá. Veo esto como algo deseable y muy recomendable. Pero hoy no es posible porque debe alcanzar más allá de cualquier hombre o cualquier sociedad para operar. Debe ser tan estable como el trono del rey. Yo creo que algún día tal plan se realizará y será una gran bendición para muchos hombres, porque hasta el primer pago pequeño hará accesible una cómoda fortuna para la familia de un miembro que fallezca.

Pero debido, a que vivimos en los días presentes y no en los días que están por venir, debemos sacar ventaja de aquellos medios y formas, de conseguir nuestros propósitos. Por lo tanto, yo recomiendo a todos los hombres que ellos, por sensatos y bien sentados métodos, contribuyan a una bolsa pobre en sus años maduros. Pues una bolsa pobre para un hombre que ya no es capaz de ganar, o para una familia sin su cabeza, es una dolorosa tragedia. Éste es, entonces, el sexto remedio para una bolsa pobre. Haz *provisión para las necesidades de tu vejez y la protección de tu familia.*

EL SÉPTIMO REMEDIO:

AUMENTA TU HABILIDAD PARA GANAR DINERO

–Les hablaré a ustedes, mis estudiantes, de uno de los vitales remedios para bolsillos vacios. Pero no les hablaré de oro sino de ustedes mismos, de los hombres debajo de las túnicas de muchos colores que están sentados frente a mí. Yo les hablaré de las cosas que hay dentro de las mentes y vidas de los hombres que trabajan para o en contra de su éxito.

Así se dirigió Arkad a su clase del séptimo día.

–No hace mucho –continuó—vino a buscarme un joven para pedirme prestado. Cuando le pregunté la causa de su necesidad, se quejó de que sus ganancias eran insuficientes para pagar sus gastos. Entonces le expliqué que, siendo ese caso, él era un pobre cliente para un prestamista, pues el no poseía capacidad de ganar excedentes para pagar el préstamo.

–Lo que tú necesitas, joven—le dije-, es ganar más monedas. ¿Por qué no aumentas tu capacidad para ganar?

Todo lo que he hecho –contestó—ha sido que en el período de dos lunas me he aproximado seis veces a mi amo solicitando que se aumente mi sueldo, pero sin éxito. Ningún hombre puede ir pedir más a menudo que esto.

Nos podemos reír de su simplicidad, pero él poseía uno de los requerimientos vitales para aumentar sus ganancias. Dentro de él había un fuerte deseo de ganar más, un apropiado y loable deseo.

Un logro debe ser precedido por un deseo: Tus deseos deben ser fuertes y definidos. Los deseos generalmente son anhelos débiles Para un hombre el deseo de ser rico es un pequeño propósito. Para un hombre, desear cinco monedas de oro es un deseo tangible que puede luchar para satisfacerlo. Después que haya conseguido su deseo de cinco monedas de oro con fuerza de propósito para asegurarlo, él puede encontrar formas similares para obtener diez monedas, y luego veinte monedas, y más tarde mil monedas, y he aquí que se ha hecho rico. Aprendiendo a conseguir su pequeño y definido deseo, él se ha adiestrado para conseguir los deseos mayores. Éste es el proceso por el cual se acumula riqueza: primero en sumas pequeñas, luego en sumas mayores a medida que el hombre aprenda y se haga más capaz.

Los deseos deben ser simples y definidos. Éstos derrotan su propio propósito si son demasiados, muy confusos o están más allá del adiestramiento de un hombre para conseguirlos.

A medida que un hombre se perfecciona en su profesión, aumenta su habilidad para ganar. En aquellos días en que yo era humilde escribiente por algunos peniques al día y observe que otros trabajadores hacían más que yo y se les pagaban más; por lo tanto, determiné que no sería sobrepasado por ninguno. No me tomó mucho tiempo descubrir la razón de su mayor éxito. Más interés es mi trabajo, más concentración en mi tarea, más persistencia en mí, esfuerzo, y he aquí que pocos hombres podían tallar más tablillas que yo. Con razonable prontitud mi creciente habilidad me fue compensada; no me fue necesario ir seis veces con mi patrón para solicitar reconocimiento.

Entre más sabiduría tengamos, más podemos ganar. El hombre que busca aprender más de su oficio será ricamente recompensado. Si es un artesano, puede buscar aprender los métodos y las herramientas de aquellos más hábiles en el mismo oficio. Si trabaja con las leyes o la medicina, puede consultar o intercambiar conocimientos con otros compañeros de su profesión. Si es un comerciante, puede buscar continuamente mejores artículos que se puedan comprar a precios más bajos.

Siempre los asuntos del hombre cambian y mejoran debido a que los hombres de mente aguda buscan mayor habilidad para poder servirles mejor a aquellos de cuya clientela dependen. Por consiguiente, yo exhorto a todos los hombres a estar al frente del progreso y no permanecer impasibles no sea que se queden rezagados.

Muchas cosas llegan a la vida del hombre para hcerlos ricos con provechosas experiencias. Estas cosas que, un hombre debe hacer si se respeta a sí mismo son las siguientes:

Pagar sus deudas con toda la prontitud dentro de sus posibilidades, y no comprar nada que no sea capaz de pagar.

Cuidar de su familia para que piensen y hablen bien de él.

Hacer un testamento oficial para que, en caso de que los dioses lo llamen, se cumpla con la división apropiada de sus bienes.

Tener compasión de aquellos que son heridos y golpeados por la desgracia, y ayudarlos dentro de los límites razonables. Hacer actos de consideración para aquellos que estima.

Así, el séptimo y último remedio para una bolsillos vacios es: *cultiva tus propios poderes, estudia y sé más sabio, sé más hábil y así actúa para respetarte a ti mismo. De ese modo adquirirás confianza en ti mismo para conseguir tus deseos cuidadosamente considerados.*

Estos son los siete remedios para bolsillos vacios, extraídos de una larga y exitosa vida. Yo les exhorto a seguirlos a todos los hombres que desean riqueza.

Hay más oro en Babilonia, mis estudiantes, de lo que puedas imaginar. Hay abundancia para todos.

Vayan y practiquen estas verdades para que puedan prosperar y enriquecerse como es su derecho.

Vayan y enseñen estas verdades para que cada honorable súbdito de Su Majestad pueda compartir liberalmente la inmensa riqueza de nuestra querida ciudad.

4 - La Diosa De La Fortuna

"Si un hombre tiene suerte, es incalculable a extensión de su buena fortuna. Arrójenlo al Éufrates y, como si nada, emergerá con una perla en la mano".

Proverbio Babilonio

El deseo de tener suerte es universal. Fue tan fuerte en los corazones de los hombres hace cuatro mil años en la antigua Babilonia, como lo es en los corazones de los hombres de hoy. Todos deseamos ser favorecidos por la caprichosa Diosa de la Buena Suerte. ¿Hay alguna forma en que podamos encontrarla y atraer no solamente su favorable atención sino también sus generosos favores?

¿Hay alguna forma de atraer la buena suerte?

Esto es lo que los hombres de la antigua Babilonia deseaban saber. Es exactamente lo que ellos decidieron averiguar. Eran hombres astutos y agudos pensadores. Eso explica por qué su ciudad llegó a ser la mas rica y poderosa de su tiempo.

En ese distante pasado, no tenían escuelas ni universidades. Sin embargo, tenían un centro de aprendizaje, y era uno muy práctico. Entre los edificios dominantes en Babilonia había uno que igualaba en importancia al Palacio del rey, los Jardines Colgantes y los Templos de los Dioses. Usted encontrará escasa mención de él en los libros de Historia; aun es muy probable que no lo mencionen en absoluto, aunque ejerció una poderosa influencia sobre el pensamiento de ese tiempo.

Este edificio era el Templo del Aprendizaje, donde la sabiduría del pasado era expuesta por maestros voluntarios y donde las materias eran discutidas en foros abiertos. Dentro de sus muros, todos los hombres eran iguales. El más humilde de los esclavos podía disputar con impunidad las opiniones de un príncipe en la casa real.

Entre los muchos que frecuentaban el Templo del Aprendizaje, estaba un sabio rico llamado Arkad, conocido como el hombre más rico de Babilonia. Él tenía su propio salón especial donde casi todas las noches un gran grupo de hombres, algunos viejos, algunos jóvenes, pero la mayoría de la media edad, se reunían para discutir interesantes materias. Supongamos que los escuchamos y veamos si sabían cómo atraer a la buena suerte.

El sol se acaba de poner como una gran bola roja de fuego

brillando a través de la bruam de polvo del desierto, cuando Arkad se encaminó a su plataforma acostumbrada. Ya ochenta hombres estaban esperando a su llegada, reclinados sobre sus pequeños tapetes esparcidos sobre el piso. Más estaban todavía llegando.

–¿De qué discutiremos esta noche? –inquirió Arkad.

Después de una breve vacilación, un alto tejedor de ropa se dirigió a él, levantándose como era la costumbre;

–Yo tengo una materia sobre la cual me gustaría escuchar discutir, aunque dudo en exponerla: no sea que le parezca ridícula a usted, Arkad, y a mis buenos amigos.

Al ser urgido a exponerla, por Arkad y el pedimento de los otros, continuó:

–Hoy he tenido suerte, pues encontré una bolsa en la cual había monedas de oro. Continuar teniendo suerte es mi gran deseo. Sintiendo que todos los hombres comparten conmigo este deseo, sugiero que discutamos cómo atraer la buena suerte para que podamos atraerla para uno.

–Se ha propuesto un asunto muy interesante –comentó Arkad--, uno de mucho valor para nuestra discusión. Para algunos hombres, la buena suerte indica un suceso fortuito que sucede como un accidente que le puede acontecer a cualquiera sin propósito o razón. Otros creen que la instigadora de toda buena fortuna es nuestra diosa más generosa. Ashtar, siempre ansiosa de premiar con generosos regalos a todos aquellos que le agradan. Discutamos, mis amigos, lo que ustedes digan.

¿Investigamos si hay medios por los cuales la buena suerte se puede atraer para que visite a cada uno de nosotros?

–¡Sí ¡Sí! – respondió el ansioso grupo de oyentes. Por consiguiente, Arkad continuó:

–Para empezar nuestra discusión, escuchemos primero a quienes primero han disfrutado de experiencias similares a las del tejedor de ropa al encontrar o recibir, sin esfuerzo de su parte, tesoros valiosos o joyas.

Hubo una pausa en la cual todos se miraron, esperando que alguien contestara, pero nadie lo hizo.

¿Qué, no hay ninguno? –preguntó Arkad--. Qué rara debe ser

ciertamente esta clase de buena suerte. ¿Quién podrá sugerirnos ahora hacia dónde continuaremos nuestra búsqueda?

–Eso haré yo –contestó, levantándose, un joven bien vestido-. Cuando un hombre habla de suerte, ¿no es natural que sus pensamientos se dirijan a las mesas de juego? ¿No es ahí donde encontramos a muchos hombres cortejando el favor de la diosa con la esperanza de que ella los bendiga con ricas ganancias?

A medida que regresaba a su asiento, resonó una voz:

–¡No te sientes, continúa tu historia! Dinos, ¿encontraste favor con la diosa en las mesas de juego? ¿Volteó ella los dados con el lado rojo hacia arriba para que tú llenaras tu bolsillo a expensas del talador, o permitió que los dados azules salieran hacia arriba para que el tallador recogiera tus monedas de plata bien ganadas?

El joven se dirigió sonriendo al que le preguntó; luego le contestó:

–No tengo aversión en admitir que ella no parecía saber siquiera que yo estaba ahí.

¿Pero qué hay con el resto de ustedes? ¿La han encontrado esperándolos en tales lugares para rodar los dados a su favor? Estamos ansiosos de escuchar tanto como de aprender.

–Un sabio comienzo –interrumpió Arkad-. Nos encontramos aquí para considerar todos los aspectos de cada pregunta. Ignorar la mesa de juego seria, disimular un común instinto de la mayoría de los hombres: el amor de arriesgarse con una pequeña cantidad de plata con la esperanza de ganar mucho oro.

–Eso me recuerda las carreras de caballos de ayer –dijo otro oyente-. Si la diosa frecuenta las mesas de juego, ciertamente no pasa por alto las carreras de caballos donde los dorados carruajes y los espumosos caballos ofrecen más emoción. Dinos honestamente, Arkad, ¿ella te susurró ayer que apostaras a aquellos caballos grises de Nínive? Estaba parado detrás de ti y apenas podía creer a mis oídos cuando escuché que apostabas a los grises. Tú sabes así como todos nosotros que ningún equipo en toda Asiria puede derrotar a nuestros bayos en una carrera de caballos limpia.

¿Susurró la diosa en tu oído para que apostaras a los caballos grises, porque en la última vuelta el caballo negro del lado interior tropezaría y estorbaría a nuestros bayos para que los grises ganaran la carrera y registraran una victoria inmerecida?

Arkad sonrió indulgentemente de la bromas.

–¿Qué razón tenemos para creer que la buena diosa tomaría mucho interés en la apuesta de cualquier hombre en las carreras de caballos? Para mí ella es una diosa de amor y dignidad, cuyo placer es ayudar a aquellos que están en necesidad y premiar a aquellos que son merecedores. Yo veo que se encuentra no en las mesas de juego o en las carreras de caballos, donde los hombres pierden más dinero del que ganan, sino en otros lugares, donde los hechos de los hombres son más valiosos y más dignos de recompensa.

En labrar la tierra, en oficios honestos, en todas las ocupaciones del hombre, hay una oportunidad de hacer una ganancia de sus esfuerzos y transacciones. Tal vez no siempre será recompensado, porque algunas veces su juicio puede fallar y otras veces los vientos y el tiempo pueden derrotar sus esfuerzos. No obstante, si él persiste, puede esperar a realizar su ganancia. Esto es así porque las oportunidades de ganancia están siempre a su favor.

Pero cuando un hombre juega, la situación es al revés, pues las oportunidades de ganar están siempre contra él y siempre a favor del tallador. El juego se arregla para que siempre favorezca al tallador. Este es su negocio, en el cual él planea hacer ganancia liberal para sí mismo de las monedas apostadas por los jugadores. Pocos jugadores dan cuenta de qué tan seguras son las ganancias del tallador y qué inciertas son sus propias oportunidades de ganar.

Por ejemplo, consideremos las apuestas sobre el dado. Cada vez que es tirado, apostamos qué lado quedará hacia arriba. Si es el lado rojo, el tallador nos paga cuatro veces la apuesta. Pero si cualquiera de los otros cinco lados cae hacia arriba, perdemos nuestra apuesta. Así los números nos muestran que en cada tirada de dado tenemos cinco oportunidades de perder, pero debido a que el lado rojo paga cuatro por uno, tenemos cuatro oportunidades de ganar. En una noche de juego el tallador puede conservar para sí un quinto de todas las monedas apostadas. ¿Puede el hombre esperar ganar más que ocasionalmente, contra una ventaja arreglada de tal manera que él pierda un quinto de todas sus apuestas?

–Sin embargo, algunos hombres ganan grandes sumas algunas veces – replicó uno de los oyentes.

–Efectivamente así es –continuó Arkad-. Dándome cuenta de esto, me pregunto si el dinero conseguido en tales formas trae valor permanente a aquellos que tienen esa suerte. Entre mis conocidos hay muchos de los hombres de éxito de Babilonia, aunque entre ellos soy incapaz de nombrar uno solo que principiara su éxito de tal fuente. Quienes están reunidos aquí esta noche, conocen muchos más de nuestros prominentes ciudadanos. Para mí sería de mucho interés saber cuántos de nuestros ciudadanos de éxito pueden acreditar a las mesas de juego el principio de su éxito. Propongo que cada uno de ustedes nos cuente de aquellos que conocen. ¿Qué dicen ustedes?

Después de un prolongado silencio, un bromista dijo -Podemos preguntarle a los dueños del juego?

Si tú no piensas en nadie más, respondió Arkad. Si ninguno de ustedes puede pensar en nadie más, luego ¿qué les parece ustedes mismos? ¿Hay algunos consistentes ganadores con nosotros que vacilan en aconsejar tal fuente para sus ingresos?

Su reto fue contestado desde la parte de atrás por una serie de gruñidos que se escuchaba hasta convertirse en risa entre ellos.

–Parecería que no estamos buscando la buena suerte en los lugares que frecuenta la diosa –continuó--. Por lo tanto, exploremos otros campos. No la hemos encontrado recogiendo carteras perdidas. Ni se encuentra en las mesas de juego. En cuanto a las carreras de caballos, debo confesar que he perdido más dinero del que he ganado.

Ahora, supongamos que consideramos nuestros oficios y negocios. ¿No es natural, si concluimos una transacción redituable, n o s e considera buena suerte sino justa recompensa a nuestros esfuerzos? Estoy inclinado a pensar que podemos estar pasando por alto los regalos de la diosa. Tal vez ella realmente nos ayuda y nosotros no apreciamos su generosidad. ¿Alguno sugiere seguir discutiendo?

Al punto, un comerciante de más edad se levantó, alisando su elegante túnica blanca.

–Con el permiso del muy honorable Arkad y mis amigos, ofrezco una sugerencia. Si, como has dicho, damos crédito a nuestra propia industria y habilidad para el éxito de nuestros negocios, por qué no considerar los éxitos que casi disfrutamos pero los cuales se nos escaparon, sucesos que pudieron haber sido más redituables. Éstos habían sido raros ejemplos de buena suerte si hubieran realmente acontecido. Debido a que no se consumaron, no podemos considerarlos como nuestras justas recompensas. Seguramente muchos hombres presentes tienen tales experiencias que nos pueden relatar.

—Aquí hay una sabia proposición —aprobó Arkad-.

¿Quién entre nosotros ha tenido la buena suerte a su alcance solamente para verla escapar?

Muchas manos se levantaron, entre ellas la del comerciante. Arkad le indicó que hablara:

—Como tú sugeriste esta proposición nos gustaría escucharte primero.

Gustosamente les relataré un cuento —Comenzó—que ilustra cuánto un hombre se aproxima a la buena suerte y qué ciegamente permite que se le escape, con perdidas para el y posterior remordimiento.

Hace muchos años, cuando yo era joven, recién casado y comenzaba a tener buenas ganancias, mi padre vino un día y me urgió con mucha insistencia que entrara en una inversión. El hijo de uno de sus mejores amigos había tenido noticias de una porción de tierra árida no más lejos de los muros de nuestra ciudad. Estaba en una parte alta, arriba del canal donde el agua no la alcanzaba. El hijo del amigo de mi padre diseñó un plan para comprar esta tierra, construir tres grandes ruedas hidráulicas que pudieran ser operadas por bueyes, y así levantar las aguas que dan vida y hacen fértil el suelo. Una vez logrado esto, dividiría el terreno en pequeños lotes y los vendería a los residentes de la ciudad como parcelas.

El hijo del amigo de mi padre no poseía suficiente oro para completar tal empresa. Como yo, él era un joven que ganaba una suma regular. Su padre, como el mío, era un hombre con una gran familia y medios pequeños. Es por lo tanto, decidió interesar a un grupo de hombres a que entraran a la empresa con él. El grupo se formó con doce; cada uno debería estar ganando dinero y estar de acuerdo en pagar un décimo de sus ganancias a la empresa hasta que la tierra estuviera lista para venderse. Entonces todos compartirían justamente las ganancias en proporción a su inversión.

—Tú, mi hijo —me indicó mi padre-, estás ahora en tu juventud. Es mi profundo deseo que comiences a formar un valioso patrimonio por ti mismo para que puedas ser respetado entre los hombres. Yo deseo ver que te beneficies del conocimiento de los errores irreflexivos de tu padre.

–Mi padre, esto es lo que más ardientemente deseo –le contesté.

–Entonces yo te aconsejo lo que debería haber hecho a tu edad. De tus ganancias ahorra una décima parte y ponla en inversiones favorables. Con este décimo de tus ganancias y lo que él también gane, tú puedes, antes de que tengas mi edad, acumular por ti mismo un valioso patrimonio.

–Tus palabras son palabras de sabiduría, padre mío. Deseo grandemente riquezas. Pero hay muchas maneras en las cuales puedo utilizar mis ganancias. Por lo tanto, vacilo hacer lo que me aconsejas. Soy joven. Hay mucho tiempo.

–Así pensé a tu edad; pero contempla: han pasado muchos años y yo todavía no he hecho el comienzo.

–Vivimos en épocas diferentes, padre mío. Yo evitaré tus errores.

–La oportunidad esta frente a ti, mi hijo. Te está ofreciendo una oportunidad que puede conducirte a la riqueza. Te suplico, no demores. Ve mañana con el hijo de mi amigo y negocia con él pagar el diez por ciento de tus ganancias en esta inversión. Ve rápidamente mañana. La oportunidad no espera a ningún hombre. Hoy está aquí; pronto se irá. Por lo tanto, no demores.

A pesar del consejo de mi padre, yo vacilé. Habían hermosas túnicas nuevas acabadas de traer por los comerciantes desde el Oriente, túnicas de tal riqueza y belleza que mi buena esposa y yo sentimos que deberíamos poseer una. ¿Debería estar de acuerdo en pagar un décimo de mis ganancias a la empresa, y deberíamos privarnos de estos y otros placeres que deseábamos fervientemente? Me demoré en tomar una decisión hasta que fue demasiado tarde, con mi subsecuente remordimiento. El negocio resultó ser más redituable de lo que cualquier hombre habría profetizado. Éste es mi relato, que muestra cómo permití escapar a la buena suerte.

–En este relato vemos cómo la *buena suerte llega a aquel hombre que acepta la oportunidad* –comentó un hombre moreno del desierto–. Para la formación de un patrimonio debe haber siempre un principio. Ese comienzo puede ser unas pocas monedas de oro y plata, que un hombre aparta de sus ganancias para su primera inversión. Yo mismo soy dueño de muchos rebaños. El comienzo de mis rebaños lo principié cuando yo era un simple muchacho y compré con una moneda de plata un ternero joven. Esto, siendo el principio de mi riqueza, fue de gran importancia para mí.

Aprovechar la primera ventaja para forjar un patrimonio atrae la buena suerte a cualquier hombre. Para todos los hombres, es importante ese primer paso, que los transforma de hombres que ganan de sus trabajos, a hombres que sacan de sus dividendos de las ganancias de su oro. Algunos, afortunadamente, cominzan cuando son jóvenes y, por consiguiente aventajan en éxito financiero, a aquellos que comienzan más tarde o a aquellos desafortunados hombres, como el padre de este comerciante, que nunca dio, ese primer paso.

Hubiera dado ese paso nuestro amigo el comerciante en su temprana madurez, cuando esa oportunidad vino a él, hubiese sido bendecido con muchos más b i e n e s terrenales. Debería la buena suerte de nuestro amigo, el tejedor de ropa, motivarlo a dar ese paso en esta ocasión, y sería ciertamente el principio de una buena fortuna mucho más grande.

–¡Gracias! Yo también quiero hablar –un extranjero se levantó-. Soy Sirio. No hablo muy bien vuestra lengua. Yo deseo dar a este amigo, el comerciante, un nombre. Tal vez piensen que este nombre no es cortés. Pero yo deseo llamarlo eso. Pero, ¡ay!, no conozco la palabra para ello. Si la dijera en sirio, no me entenderían. Por lo tanto, por favor, algunos gentiles caballeros, díganme ese nombre correcto que ustedes dan a un hombre que pospone hacer aquellas cosas que son importantes y buenas para él.

–Procrastinador –dijo una voz.

–Eso es él –gritó el Sirio, agitando sus manos excitadamente-. Él no acepta la oportunidad cuando viene. Él espera. Él dice "yo tengo muchos negocios ahora mismo". Luego yo le diré a usted: la oportunidad no espera, ella no espera a tales sujetos lentos. Ella cree que un hombre que desea tener suerte caminará a prisa. Cualquier hombre que no se mueve rápido cuando la oportunidad llega, será un gran proscrastinador como nuestro amigo, este comerciante.

El comerciante se levantó y se inclinó de buena manera en respuesta al extranjero.

–Mi admiración para ti, extranjero dentro de nuestras puertas, que no vacilas en decir la verdad.

–Y ahora escuchemos otro relato de la oportunidad. ¿Quién tiene otra experiencia para nosotros? –preguntó Arkad.

–Yo tengo –contestó un hombre de mediana edad vestido con una bata roja--. Soy un comprador de animales, principalmente camellos y caballos. Algunas veces también compro ovejas y cabras. El relato que estoy a punto de hacer les dirá verdaderamente cómo la oportunidad vino una noche cuando menos la esperaba. Tal vez por eso la dejé que se escapara. De esto ustedes serán los jueces.

Regresando a la ciudad una noche después de una descorazonadora jornada de diez días en busca de camellos, me enojé al encontrar cerradas las puertas de la ciudad. Mientras mis esclavos instalaban nuestra tienda de campaña para la noche que íbamos a pasar con poca comida y nada de agua, se me acercó un granjero anciano, quien, como nosotros, había, encontrado cerradas las puertas.

–Honorable señor –se dirigió a mí--; de vuestra apariencia juzgo que usted es un comprador. Si esto es así, mucho me gustaría venderle el más excelente rebaño de ovejas que he conducido. ¡Ay!, mi buena esposa yace muy enferma con fiebre. Debo regresar a toda prisa. Cómpreme mis ovejas para que yo y mis esclavos podamos montar nuestros caballos y regresar sin demora.

Tan obscuro estaba que yo no podía ver su rebaño, pero por su balido sabía que debía ser muy grande. Luego de haber pasado diez días buscando camellos y sin encontrarlos, yo estaba contento de negociar con él. En su ansiedad, él puso un precio muy razonable. Yo acepté, sabiendo bien que mis esclavos podrían conducir el rebaño a través de las puertas de la ciudad en la mañana y venderlo con una sustancial ganancia.

El negocio concluyó; llamé a mis esclavos para que trajeran antorchas y pudiéramos contar el rebaño, el cual, declaró el granjero, contenía novecientas ovejas. No los fastidiaré, mis amigos, con la dificultad de intentar contar tantas ovejas sedientas e inquietas. Resultó ser una tarea imposible. Por lo tanto, le informé al granjero que las contaría a la luz del día y entonces le pagaría.

–Por favor, honorable señor –suplicó, págame dos tercios del precio esta noche para que yo pueda partir. Dejaré a mi esclavo más inteligente y educado para que ayude a hacer la cuenta en la mañana.

Es digno de confianza y a él puedes pagar el saldo.

Pero fui terco y rehusé hacer el pago esa noche. A la mañana siguiente, antes de que yo despertara, se abrieron las puertas de la ciudad y cuatro compradores se precipitaron en busca de rebaños. Ellos estaban más ansiosos y dispuestos a pagar altos precios debido a que la ciudad estaba amenazada con ser sitiada y la comida no era suficiente.

Casi tres veces el precio al cual me había ofrecido el rebaño a mí, recibió el granjero por él. Así fue como permití escaparse a la buena suerte.

–Aquí hay un relato muy insólito –comentó Arkad-. ¿Qué nos sugiere la sabiduría?

La sabiduría de hacer un pago inmediatamente cuando estamos convencidos de que nuestro negocio es sensato –sugirió un venerable fabricante de sandalias. Si la oferta es buena, entonces necesitas protección contra tu propia debilidad, tanta como contra cualquier otro hombre. Nosotros los mortales somos cambiantes. ¡Ay!, yo debo decir: más inclinados a cambiar nuestras ideas correctas que nuestras ideas equivocadas cuando estamos en un error, somos ciertamente tercos. En cambio, cuando pensamos lo correcto, estamos propensos a vacilar y dejar escapar la oportunidad. Mi primer juicio es el mejor. Aunque siempre encuentro difícil obligarme a proceder con una buena oferta, cuando ésta se presenta. Por lo tanto, como una protección contra mi propia debilidad, yo hago al inmediatament un depósito. Esto me evita posteriores remordimientos por la buena suerte que debió haber sido mía.

–¡Gracias! Otra vez me gustaría hablar –el Sirio estaba otra vez de pie-. Estos relatos son muy parecidos. Cada vez la oportunidad se escapa por la misma razón. Cada vez que ella viene a un proscrastinador, trayendo un buen plan, él vacila. No dice "ahora mismo es el mejor momento, lo haré rápidamente. ¿Cómo pueden tener éxito los hombres en esa forma?

–Sabias son tus palabras, mi amigo –respondió el comprador-. La buena suerte huyó de la proscrastinacion en ambos relatos. Pero esto no es insólito. El espíritu de morosidad está dentro de todos los hombres. Deseamos riquezas; pero a menudo, cuando la oportunidad aparece ante nosotros, ese espíritu de morosidad desde dentro nos acosa con varias demoras en tomar nuestra decisión. Al escucharlo nos convertimos en nuestros propios enemigos.

En mis días de joven yo no lo sabía, pero este amigo nuestro de Siria sí lo sabía. Yo creía al principio que era mi pobre juicio lo que me causaba pérdidas en muchos oficios redituables. Más tarde lo acredité a mi tercera disposición. Al fin, lo reconozco, era un hábito de innecesaria demora donde se requería acción, acción pronta y decisiva. Cómo lo odié cuando se reveló su verdadero carácter. Con la amargura de un asno salvaje enganchado a su carruaje, me escapé de este enemigo de mi éxito.

–¡Gracias! Me gustaría hacer una pregunta al señor comerciante –el Sirio estaba hablando-. Tú usas finas túnicas, no como las de un hombre pobre. Tú hablas como un hombre de éxito. Dinos, ¿escuchas ahora cuando la proscrastinación susurra en tu oído?

–Como nuestro amigo el comprador, yo también tuve que reconocer y vencer a la morosidad –respondió el comerciante-. Para mí probó ser un enemigo, siempre vigilando y esperando frustrar mis logros. El relato que conté es uno de los muchos ejemplos similares que yo podría relatar para mostrar como ahuyenté mis oportunidades. No es difícil vencer la morosidad una vez que se la reconoce. Ningún hombre voluntariamente permite al ladrón robar las semillas de su granero. Tampoco hay hombre que permita voluntariamente a un enemigo ahuyentar a sus clientes y robarle sus ganancias. Cuando me di cuenta de que este enemigo estaba cometiendo tales actos, con determinación lo vencí. Así cada hombre debe dominar su espíritu de morosidad antes de esperar compartir los ricos tesoros de Babilonia.

¿Qué dices, Arkad? Debido a que eres el hombre más rico de Babilonia, muchos proclaman que tú eres el de mejor suerte. ¿Estás de acuerdo conmigo en que ningún hombre puede llegar a la completa medida del éxito hasta no haber derrotado completamente el espíritu de morosidad dentro de él?

–Es como tú dices –admitió Arkad-. Durante mi larga vida he observado generaciones de hombres marchar hacia delante a lo largo de los caminos de los oficios, de la ciencia y del aprendizaje que conducen al éxito en la vida. Las oportunidades llegaron a todos esos hombres. Algunos las apresaron y se movieron constantemente hacia la satisfacción de sus más profundos anhelos, pero la mayoría vaciló, titubeo y se rezagó.

Arkad se dirigió al tejedor de ropa:

—Tú sugeriste que discutiéramos la buena suerte. Escuchemos ahora lo que piensas de la materia.

Veo a la buena suerte con una luz diferente. Yo pensaba de ella como algo más deseable, que podía suceder a un hombre sin esfuerzo de su parte. Ahora me doy cuenta de que tales sucesos no son de la clase de cosas que puedan atraerla hacia uno mismo. De nuestra discusión he aprendido que *para atraer la buena suerte, es necesario sacar ventaja de las oportunidades.* Por lo tanto, en el futuro me esforzaré lo mejor para que tales oportunidades vengan a mí.

—Tú has comprendido las verdades extraídas de nuestra discusión –replicó Arkad- A la buena suerte nosotros la encontramos, a menudo sigue a la oportunidad, pero raras veces vienen en otra forma. Nuestro amigo el comerciante había encontrado la buena suerte y había aceptado la oportunidad que la buena diosa le presentaba. Nuestro amigo el comprador también habría disfrutado de la buena suerte si hubiera efectuado la compra del rebaño y lo hubiera vendido con una ganancia atractiva.

Nosotros proseguimos esta discusión para encontrar los medios por los cuales podemos atraernos la buena suerte –continuó Arkad-. Yo siento que hemos encontrado el camino. Ambos relatos ilustraron cómo la buena suerte sigue a la oportunidad. Dentro de ellos yace una verdad que muchos relatos similares de buena suerte, gane o pierda, no podrían cambiar. La verdad es esta: *La buena suerte se puede atraer aceptando la oportunidad.*

Aquellos ansiosos de atrapar las oportunidades para su mejoramiento –prosiguió-, atraen el interés de la buena diosa. Ella está siempre ansiosa de ayudar a aquellos que le agradan. Los hombres de acción le agradan más.

La acción te conducirá hacia delante, hacia el éxito que deseas.

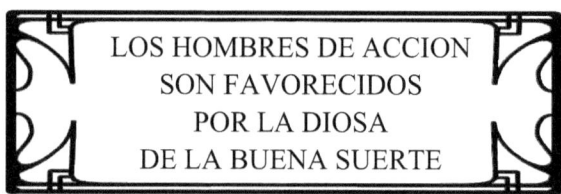

LOS HOMBRES DE ACCION
SON FAVORECIDOS
POR LA DIOSA
DE LA BUENA SUERTE

5 - Las Cinco Leyes Del Oro

–Una pesada bolsa con oro o con una tabilla de arcilla grabada con palabras de sabiduría. Si tuvieras que escoger, ¿cuál escogerías?

Por la luz flamante del fuego de los arbustos del desierto, las caras de los oyentes, tostadas por el sol, brillaron con interés.

–El oro, el oro –corearon los veintisiete presentes. El viejo Kalabab sonrió astutamente.

–Escuchen –continuó, levantando su mano-. Escucha a los perros salvajes allá afuera en la noche. Aúllan y se lamentan porque están flacos de hambre. Aunque los alimentemos, ¿qué haran? Pelear y pavonearse. Luego de pelear y pavonearse, hacen algo más: no piensan en el mañana que seguramente vendrá.

Justamente así es con los hijos de los hombres. Dales a escoger entre oro y sabiduría y ¿qué es lo que hacen? Ignoran la sabiduría y gastan el oro. En la mañana, se lamentarán porque no tienen más oro.

El oro se reserva para aquellos que conocen sus leyes y se acogen a ellas.

Kalabab estiró su blanca túnica alrededor de sus flacas piernas, pues un frío viento nocturno estaba soplando.

–Porque tú me has servido fielmente en nuestra larga jornada, porque has cuidado bien de mis camellos; porque has trabajado fatigosamente sin quejarte a través de las ardientes arenas del desierto, porque luchaste valientemente contra los ladrones que buscaban despojarme de mi mercancía, voy a relatarte esta noche el cuento de las cinco leyes del oro, un cuento tal como nunca lo has escuchado antes.

Escucha con profunda atención las palabras que yo hablo, pues si entiendes su significado y les pones atención, en los días que vienen tendrás mucho oro.

Hizo una pausa impresionante. Arriba en un toldo azul, las estrellas brillaban radiantes. Detrás del grupo se distinguíam las descoloridas tiendas sujetadas fuertemente en previsión de posibles tormentas del desierto. Junto a las tiendas estaban ordenamente apilados los fardos de mercancía cubiertos con pieles. Cerca, el rebaño de camellos se tendía en la arena, algunos rumiando contentamente, mientras otros roncaban en desacorde.

–Tú nos has relatado muchos buenos cuentos, Kalabab –habló el principal enfardelador-. Nosotros acudimos a tu sabiduría para guiarnos en el mañana cuando nuestros servicios contigo lleguen a su fin.

–Les he contado de mis aventuras en extrañas y distantes tierras, pero esta noche les contaré de la sabiduría de Arkad, el sabio rico.

–Mucho hemos oído de él –reconoció el principal enfardelador-, pues él fue el hombre más rico que vivió en Babilonia.

–Fue el hombre más rico debido a que fue sabio en el uso del oro, inclusive como ningún hombre lo ha sido antes que él –dijo Kalabab-. Esta noche les contaré su gran sabiduría como me fue contada por Nomasir, su hijo, hace muchos años en Nínive, cuando yo era chico.

Mi amo y yo nos habíamos quedado mucho tiempo en la noche en el palacio de Nomasir. Yo ya había ayudado a mi amo a traer grandes bultos de finos tapetes, que serían mostrados a Nomasir hasta que su selección de colores fuera satisfecha. Al fin quedó bien complacido y nos ordenó que nos sentáramos con él y bebiéramos una rara bebida olorosa y muy caliente a mi estómago, que no estaba acostumbrado a esa bebida.

Luego nos relató este cuento de la gran sabiduría de Arkad, su padre, igual como yo se los contaré a ustedes.

En Babilonia es la costumbre, como ustedes saben, que los hijos de los padres ricos vivan con sus padres en espera de la heredad del patrimonio. Arkad no aprobaba esta costumbre. Por consiguiente, cuando Nomasir se hizo hombre. Arkad envió por él y le dijo:

–Hijo mío, es mi deseo que tú heredes mi patrimonio. Tú debes, sin embargo, probar que eres capaz de manejarlo sabiamente. Por lo tanto, deseo que salgas al mundo y muestres ambas habilidades: conseguir oro y hacerte respetar entre los hombres.

Para comenzar bien, te daré dos cosas que a mí mismo me fueron negadas cuando comencé, como un joven pobre a forjar una fortuna.

Primero, te daré esta bolsa de oro. Si las usas sabiamente, será la base de tu futuro éxito.

Segundo, te daré esta tablilla de arcilla sobre la cual están grabadas las cinco leyes del oro. Si las interpretas en tus propios actos, te traerán capacidad y seguridad.

Regresa en diez años a la casa de tu padre, y darás cuenta de ti mismo. Si pruebas ser merecedor, entonces te haré el heredero de mi patrimonio. De lo contrario, lo daré a los sacerdotes para que aquellos puedan permutar para mi alma la bondadosa consideración de los dioses.

Así Nomasir partió para hacer su propio progreso, tomando su bolsa de oro, la tablilla de arcilla cuidadosamente envuelta en sedosa tela, su esclavo y los caballos sobre los cuales viajaron.

Los diez años pasaron, Nomasir, como había acordado, regresó a la casa de su padre, quien dispuso una gran fiesta en su honor, a la cual invitó a muchos amigos y parientes. Después que la fiesta se acabó, el padre y la madre se sentaron en sus asientos como tronos ubicados a un lado del vestíbulo, y Nomasir se paró ante ellos para dar cuenta de sí mismo como le había prometido a su padre.

Era de noche. El salón estaba brumoso con el humo de los pabilos de las lámparas de aceite que tenuemente lo iluminaban. Esclavos de túnicas y chaquetillas tejidas abanicaban rítmicamente el aire húmedo con hojas de palma de tallo largo. Una majestuosa dignidad coloreaba la escena. La esposa de Nomasir y sus dos jóvenes hijos, con amigos y otros miembros de la familia, se sentaron sobre tapetes detrás de él, como ávidos oyentes.

–Padre mío –comenzó deferentemente-, me inclino ante tu sabiduría. Hace diez años, cuando llegué a las puertas, de la edad viril, me ofreciste que partiera y llegara a ser un hombre entre los hombres, en lugar de permanecer como vasallo de tu fortuna. Me diste liberalmente de tu oro.

Me diste liberalmente de tu sabiduría. Del oro, ¡ay!, yo debo admitir que hice un desastroso manejo. Escapó, ciertamente, de mis inexpertas manos como una liebre salvaje escapa, a la primera oportunidad que el joven que la captura.

El padre sonrió indulgentemente.

–Continúa, hijo mío, tu relato me interesa con todos tus detalles.

–Decidí ir a Nínive. Como era una creciente ciudad, creí que podría encontrar allí oportunidades. Me uní a una caravana y entre sus miembros hice numerosos amigos. Dos elocuentes hombres que tenían un caballo blanco muy hermoso, tan rápido como el viento, estaban entre ellos. Conforme viajábamos, me dijeron en confidencia que en Nínive se encontraba un hombre acaudalado que poseía un caballo tan rápido que nunca había sido derrotado. Su propietario creía que ningún caballo viviente podría correr con mayor velocidad. Por lo tanto; él apostaría cualquier suma, por muy grande que fuera, a que su caballo le sobrepararia la velocidad a cualquier caballo en toda Babilonia. Comparado al caballo de ellos, así decían mis amigos, era un burro de carga que podía ser derrotado con facilidad.

Ellos ofrecieron, como un gran favor, permitirme unir a ellos en una apuesta. Yo estaba muy entusiasmado con el plan. Pero nuestro caballo fue derrotado y yo perdí mucho de mi oro. El padre se sonrió.

Más tarde, descubrí que éste era un engañoso plan de aquellos hombres y que ellos viajaban constantemente con las caravanas buscando víctimas. Usted ve, el hombre de Nínive era su socio y compartía con ellos las apuestas que él ganaba. Este sagaz engaño me enseñó mi primera lección en tener cuidado por mí mismo.

Ya estaba listo para aprender otra, igualmente amarga. En la caravana estaba otro joven de quien llegué a ser muy amigo. Era hijo de padres acaudalados y, como yo, viajaba a Nínive a encontrar una localización apropiada. No mucho después de nuestra llegada, me contó que un comerciante había muerto y que su tienda, con sus ricas mercancías y clientela, se podría obtener a un precio mezquino. Diciendo que seríamos socios iguales, pero que primero él debería regresar a Babilonia para obtener su oro, el me convenció de que comprara las existencias de mercancía con mi oro, acordando que el suyo sería usado más tarde para continuar nuestra empresa.

Él demoró mucho tiempo el viaje a Babilonia, demostrando mientras tanto ser un comprador insensato y un gastador insensato. Finalmente lo despedí, pero no antes de que el negocio se hubiera deteriorado hasta el punto de tener solamente artículos invendibles y ningún oro para comprar otros artículos. Yo sacrifiqué lo que quedaba a un israelita por una suma lastimosa.

Pronto siguieron, padre mío, días más amargos. Busqué empleo y no lo encontré, pues carecía de oficio o adiestramiento que me capacitara para ganar. Vendí mis caballos. Vendí mi esclavo. Vendí mis túnicas extras para tener comida y un lugar para dormir pero cada horrible día quería aplastarme más.

Pero en aquellos amargos días, recordé tu confianza en mí, padre mío. Tú me habías enviado a que me hiciera hombre, y eso estaba determinado a conseguir. La madre se cubrió la cara con las manos y lloró en silencio.

Esta vez, me acordé de la tableta de arcilla que me habías dado, en la que habías grabado las cinco leyes del oro. Leí cuidadosamente tus palabras de sabiduría y me di cuenta de que si primero hubiera buscado sabiduría, mi oro no se habría perdido. Aprendí de memoria cada ley y determiné que cuando la diosa de la buena fortuna me sonríera una vez más, yo sería guiado por la sabiduría de la edad, y no por la inexperiencia de la juventud.

–Para beneficio de ustedes que están sentados aquí esta noche, leeré la sabiduría de mi padre tal como la grabó sobre la tableta de arcilla que me dio hace diez años.

LAS CINCO LEYES DEL ORO

I. El oro viene gustosamente y en cantidades crecientes a cualquier hombre que separa no menos de una décima parte de sus ganancias para crear un patrimonio para su futuro y el de su familia.

II. El oro trabaja c o n diligencia y de forma rentable para el sabio poseedor que le encuentra un uso provechoso, multiplicándose como los rebaños del campo.

III. El oro permance bajo la protección del poseedor precavido que lo invierte según el consejo de hombres sabios

IV. El oro escapa al hombre que lo invierte sin fin en negocios que no le son familiares o que no son aprobados por aquellos que conocen la forma de utilizar el oro.

V. El oro huye del hombre que lo fuerza en ganancias imposibles, quien sigue los seductores consejos de defraudores y estadores, o de quien confía en su propia experiencia y románticos deseos de invertir.

Estas son las cinco leyes del oro tal como fueron escritas por mi padre. Afirmo que son mucho más valiosas que el mismo oro , como lo demostraré en la continuación de mi relato.

Otra vez miró a su padre. Te he contado la profundidad de la pobreza y la desesperación a la cual mi inexperiencia me llevó.

Sin embargo, no hay mal que cien años dure. Mi fin llegó cuando conseguí empleo. Éste consistía en manejar a una cuadrilla de esclavos para trabajar en un nuevo muro exterior de la ciudad.

Aprovechando mi conocimiento de la primera ley del oro, ahorré un penique de mis primeras ganancias, sumándole a él en cada oportunidad hasta que tuve una moneda de plata. Fue un procedimiento lento, pues uno debe vivir. Yo gastaba de mala gana, lo admito, porque estaba determinado a ganar, antes de que terminaron los diez años, tanto oro como tú, padre mío, me habías dado.

Un día el amo de los esclavos, de quien me había hecho muy amigo, me dijo:

−Tú eres un joven ahorrativo que no gastas desvergonzadamente lo que ganas. ¿Quieres que ese oro que has ahorrado gane más?

−Sí –contesté--. Es mi mayor deseo acumular oro para reemplazar el que mi padre me dio y yo he perdido.

−Es una ambición muy noble. ¿Sabes que el oro que has ahorrado puede trabajar por ti y ganarte más oro?

−¡Ay! Mi experiencia ha sido amarga, pues el oro de mi padre ha huido de mí, y estoy temeroso de que el mío haga lo mismo.

−Si tienes confianza en mí, te daré una lección del manejo provechoso del oro –replicó-. Dentro de un año, la muralla aud rodeará la ciudad estará terminada y estarán listos para que las grandes puertas de bronce se construyan en cada entrada, para proteger la ciudad contra los enemigos del rey. En todo Nínive no hay el metal suficiente para fabricar estas puertas y el rey no ha pensado en conseguirlo. Aquí está mi plan: un grupo de nosotros reunirá nuestro oro y enviará una caravana a las minas de cobre y estaño; las cuales están distantes, y traeremos a Nínive el metal para las puertas. Cuando el rey ordene que se hagan las puertas, nosotros seremos los úniocs que podremos suministrarle el metal, y él nos pagará un alto precio. Si el rey no nos compra, siempre podremos revender el metal a una precio razonable.

En su oferta reconocí una oportunidad de acatar la tercera ley e invertir mis ahorros bajo la dirección de hombres sabios. No fui defraudado. Nuestra sociedad fue un éxito, y mi pequeño depósito de oro aumentó grandemente por la transacción.

A su debido tiempo, fui aceptado como un miembro de este mismo grupo en otros negocios. Aquellos hombres eran sabios en el manejo del oro. Cada plan presentado lo discutían con gran cuidado antes de entrar en él. No se arriesgaban a perder su capital ni trataban con inversiones no redituables de las cuales no pudiéramos recuperar el oro. Para cosas tan alocadas como las carreras de caballos y la sociedad en la cual había entrado con mi inexperiencia, habrían tenido escasa consideración. Ellos habrían detectado los peligros inmediatemente.

Mediante mi asociación con estos hombres, aprendí a invertir con seguridad el oro para que trajera ganancias redituables. Conforme pasaron los años, mi tesoro aumentaba cade vez más deprisa. No solo he ganadolo que había perdido, sino que he traido mucho más.

A través de mis desgracias, mis sufrimientos y mis éxitos, he puesto a prueba la sabiduría de las cinco leyes del oro repetidamente, padre mío, y han demostrado la verdad en cada prueba. Para aquél que no conoce las cinco leyes, el oro no viene a menudo, y se aleja rápidamente. Pero para aquél que sigue las cinco leyes, el oro viene y trabaja como su obediente esclavo.

Nomasir dejó de hablar y se dirigió a un esclavo que se encontraba en el fondo del salón. El esclavo trajo, uno a la vez, tres pesadas bolsas de cuero. Nomasir tomó una de éstas y la colocó en el suelo frente a su padre, dirigiéndose a él otra vez.

Tú me diste una bolsa de oro, oro de Babilonia. Mira, en su lugar te regreso una bolsa de oro de Nínive del mismo peso. Todo el mundo estará de acuerdo en que es un intercambio justo

Tú me diste una tablilla de arcilla inscrita con sabiduría. Mira, en su lugar yo te regreso dos bolsas de oro.Y diciendo así, tomó del esclavo las otras dos bolsas y, en la misma manera, las colocó en el suelo frente a su padre.

Esto te prueba, padre mío, cuánto más valúo tu sabiduría que tu oro. Pero ¿quién puede medir en bolsas de oro el valor de la sabiduría? Sin sabiduría, el oro se pierde rápidamente; pero con sabiduría, el oro puede ser conseguido por aquellos que no lo tienen, como lo prueban estas tres bolsas de oro.

Ciertamente, esto me da la más profunda satisfacción, padre mío, de pararme delante ti y decir esto, porque con tu sabiduría he podido hacerme rico y ser respetado por los hombres.

El padre colocó su mano cariñosamente sobre la cabeza de Nomasir.

Tú has aprendido bien tus lecciones –dijo el padre-, y yo soy, ciertamente, afortunado de tener un hijo en quien puedo confiar mi riqueza.

Kalabab cesó su relato y miró críticamente a sus oyentes.

–¿Qué significa para ustedes este cuento de Nomasir? ¿Quién de ustedes puede ir a su padre o al padre de su esposa y dar un relato del sabio manejo de sus ganancias?

¿Qué podran creer estos venerables hombres al decirles: "He viajado mucho y aprendido mucho, he trabajado mucho y ganado mucho, aunque, ¡ay!, tengo muy poco oro. Algo lo gasté sabiamente, algo lo gasté tontamente, y mucho lo perdí en imprudentes formas.

¿Aún piensan que por una inconsistencia de la suerte algunos hombres tienen mucho oro y otros no tienen nada? Entonces están equivocados.

Los hombres tienen mucho oro cuando conocen las cinco leyes del oro y las siguen fielmente.

Porque yo aprendí estas cinco leyes en mi juventud y las acaté, me he convertido en un comerciante rico. No por una extraña magia acumulé mi riqueza.

La riqueza que viene rápidamente, se va en la misma forma.

La riqueza que permanece para dar disfrute y satisfacción a su propietario viene gradualmente, porque es una criatura nacida del conocimiento y de la determinación.

Ganar riqueza es apenas una leve carga para el hombre precavido. Transportar la carga año tras año con inteligencia permite llegar al objetivo final.

Las cinco leyes del oro ofrecen a ustedes una rica recompensa al seguirlas.

Cada una de estas cinco leyes es rica en significado y si las pasaron por alto en la brevedad de mi relato, yo las repetiré ahora. Las sé de memoria porque en mi juventud pude ver su valor y no me hubiera sentido satisfecho mietras no las hubiera memorizado.

La primera ley del oro

El oro acude facilmente, en cantidades siempre mas importantes, al hombre que reserve no menos de una décima parte de sus ganancias para crear un bien en prevision de su futuro y del de su familia.

El hombre que solo reserca la décima parte de sus ganancias constantemente y la invierte sabiamente seguramente creará una inversión valiosa que le procurará unos ingresos para él futuro y una mayor seguridad para su familia, si llegara el caso de que los dioses lo le volvieran a llamar al mundo de la oscuridad. Esta ley dice que el oro siempre viene gustosamente a tal hombre. Yo puedo confirmarlo basándome en mi propia vida. Cuanto más oro acumulo, más rápidamente viene a mí en cantidades crecientes. El oro que yo ahorro gana más, igual que el de ustedes lo hará, y sus ganancias ganarán más, y éste es el resultado de la primera ley.

La segunda ley del oro

El oro trabaja con diligencia y de foram rentable para el poseedor sabio que le encuentra usos lucrativos, multiplicándose como los rebaños del campo.

El oro es, ciertamente, un trabajador voluntarioso. Está siempre ansioso de multiplicarse cuando la oportunidad se presenta. Para cada hombre que tiene un depósito de oro ahorrado, la oportunidad viene para su uso más lucrativo. Conforme pasan los años, se multiplica a sí mismo en forma sorprendente.

La tercera ley del oro

El oro permanece bajo la protección del poseedor prudente que lo invierte según los consejos de hombres sabios.

El oro, ciertamente, se aferra al poseedor prudente, así como huye del poseedor descuidado. El hombre que busca el consejo de los hombres sabios en el manejo del oro, pronto aprende a no arriesgar su tesoro, sino conservarlo con seguridad y disfrutar con agrado su aumento consistente.

La cuarta ley del oro

El oro huye del hombre que invierte sin fin alguno en negocios o propósitos que no le son familiars o que no son aprobados por aquellos que conocen la forma de utilizar el oro.

Para el hombre que tiene oro, y no es hábil en su manejo, aparecen muchos usos que aparentan ser lucrativos. Muy a menudo estas inversions tienen gran riesgo, y los hombres sabios que la estudian demuestran rapidamente que son muy poco rentables. Por lo tanto, el inexperto propietario del oro, quien confía en su propio juicio y lo invierte en negocios o propósitos por los cuales no está familiarizado, muy a menudo descubre que su juicio es imperfecto y paga su inexperiencia con su tesoro. Sabio es, ciertamente, el que invierte su tesoro con el consejo de hombres hábiles en el manejo del oro.

La quinta ley del oro

El oro huye del hombre que lo fuerza a ganancias imposibles, quien sigue los seductores consejos de embaucadores y estafadores , o de quién confía en su propia inexperiencia y románticos deseos de invertir.

Fantásticas proposiciones, que emocionan como cuentos de aventuras, siempre vienen a un nuevo propietario de oro. Éstas dan la impression de proporcionar unos poderes mágicos a su tesoro que lo hacen capaz de conseguir ganancias imposibles. Pero presten atención a los hombres sabios, pues en verdad ellos conocen los riesgos que acechan detrás de cada plan que pretende enriquecer de forma repentina.

No olviden a los hombres ricos de Nínive, quienes no se arriesgaban a perder su capital ni estancarlo en inversiones no redituables.

Con esto termina mi cuento de las cinco leyes del oro. Al contárselo a ustedes, les he contado los secretos de mi propio éxito.

Aunque no son secretos, sino verdades que cada hombre primero debe aprenderlas y luego seguirlas, si desea sobresalir de la multitud que, como perros salvajes, se preocupa todos los días por el alimento para comer.

Mañana entramos a Babilonia. ¡Miren! ¡Vean el fuego que arde eternamente sobre el Templo de Bel! Estamos ya a la vista de la ciudad dorada. Mañana cada uno de ustedes tendrá oro, el oro que tan justamente han ganado por sus fieles servicios.

Dentro de diez años, a partir de esta noche, ¿qué podrán contar acerca de este oro?

Si hay entre ustedes hombres que, como Nomasir, van a usar una parte de su oro para comenzar por sí mismos un patrimonio y por consiguiente, guiados por la sabiduría de Arkad, dentro de diez años –no cabe la menor duda-- serán ricos y respetados por los hombres como el hijo de Arkad.

Nuestros actos sensatos nos acompañan a través de la vida para complacernos y ayudarnos. Tan seguramente como nuestros actos imprudentes nos siguen como plagas y nos atormentan. ¡Ay!, éstos no se pueden olvidar. Los primeros tormentos que nos persiguen son los recuerdos de cosas que debimos haber hecho, de las oportunidades que se presentaron y no las aprovechamos

Ricos son los tesoros de Babilonia, tan ricos que ningún hombre de la tierra puede contar su valor en monedas de oro. Cada año, se hacen más ricos y más valiosos. Como los tesoros de toda la tierra, estos son una recompensa, una rica recompensa que espera a los hombres de resolución decididos a conseguir la parte que merecen.

En la fuerza de tus propios deseos hay un poder mágico. Guía este poder con tu conocimiento de las cinco leyes del oro, y compartirás los tesoros de Babilonia.

6 - El Prestamista De Oro De Babilonia

¡Cincuenta monedas de oro! Nunca antes Rodan, el fabricante de lanzas de la vieja Babilonia, había llevado tanto dinero en su bolsa de cuero. Caminó, felizmente, a grandes pasos por el camino de su muy liberal Majestad, el rey. Alegremente resonaba el oro dentro de la bolsa en su cinturón se mecía con cada paso. La música más dulce que alguna vez hubiera escuchado.

¡Cincuenta monedas de oro! ¡Todo suyo! Apenas podía darse cuenta de su buena fortuna. ¡Qué poder en esos resonantes discos! Éstos podían comprar cualquier cosa que él quisiera, una casa grande, tierras, ganado, camellos, caballos, carruajes, cualquier cosa que él pudiera desear.

¿Qué uso debería darle? Esa noche, mientras caminaba en una calle lateral hacia el hogar de su hermana, no podía pensar en nada que prefiriera más que aquellas mismas relucientes y pesadas monedas de oro, suyas para guardar.

Fue una noche, algunos días más tarde, que un perplejo Rodán entró en la tienda de Maton, el prestamista de oro y tratante de joyas y telas raras. Sin mirar a la derecha ni a la izquierda a los coloridos artículos artísticamente exhibidos, pasó entre ellos y se dirigió a las habitaciones del fondo. Allí encontró al gentil Maton tendido sobre un tapete, tomando una comida servida por un esclavo negro.

—Te pido consejo, pues no sé qué hacer —Rodan se paró firmemente, con los pies separados, su velludo pecho expuesto por la abertura frontal de su chaqueta de cuero.

La cara pálida y estrecha de Maton sonrió con un amigable saludo:

—¿Qué indiscreción has cometido que buscas al prestamista de oro? ¿Has sido desafortunado en la mesa de juego? ¿O te ha enredado alguna mujer seductora? Porque en los muchos años que te he conocido, nunca me has buscado para que te ayude en tus problemas.

—No, no. No es eso. Yo no busco oro. Yo pido con vehemencia tu sabio consejo.

—¡Oigan! ¡Oigan lo que este hombre dice! Nadie viene al prestamista de oro por consejo. Mis oídos deben engañarme.

—Tus oídos escuchan la verdad.

—¿Puede ser esto así? Rodan, el fabricante de lanzas, despliega más astucia que todos los demás, pues viene a Maton no por oro, sino por consejo. Muchos hombres vienen a mí por oro, para pagar sus locuras, pero consejos no quieren. Aunque, ¿quién es más capaz de aconsejar que el prestamista de oro, a quién muchos hombres acuden con dificultades?

Comerás conmigo, Rodan –continuó--. Serás mi huésped por esta noche. ¡Andol! – ordenó a su esclavo negro--, tiende un tapete para mi amigo Rodan, el fabricante de lanzas, que viene por consejo. Será mi huésped de honor. Trae mucha comida y dale mi copa más grande. Escoge el mejor vino para que pueda encontrar satisfacción al beber.

–Ahora –continuó, dirigiéndose a Rodan—cuéntame tu problema.

–Es el regalo del rey.

–¿El regalo del rey? ¿El rey te hizo un regalo que te da problema? ¿Qué clase de regalo?

Porque quedó muy complacido con el diseño que le presenté para una nueva punta en las lanzas de la guardia real, me regaló cincuenta monedas de oro, y ahora estoy muy perplejo. Me buscan a cada hora que el sol viaja por el cielo, vienen a suplicarme que las comparta.

–Eso es natural muchos hombres quieren más oro que el que tienen, y desearían que uno que lo obtiene fácilmente lo divida. ¿Pero tú no puedes decir "no"? ¿No serás tan fuerte como tu puño?

–A muchos yo puedo decir "no", pero algunas veces sería más fácil decir "sí". ¿Puede uno rehusarse a compartir el oro con la hermana de uno, a quien se le tiene profundo afecto?

–Seguramente tu propia hermana no desea privarte del disfrute de tu recompensa.

–Pero es por Aramán, su esposo, a quien ella desea ver convertirse en un rico comerciante. Ella cree que él nunca ha tenido una oportunidad y me suplica le preste, este oro, para que se convierta en un próspero comerciante y me pague de sus ganancias.

–Mi amigo –resumió Maton--, es una valiosa materia la que trajiste a discutir. El oro otorga a quien lo posee una gran responsabilidad y cambia su posición social frente a sus compañeros. Despierta el temor a perderlo o a ser engañado. Trae un sentimiento de poder y habilidad para hacer el bien. Pero en otras ocasiones, las buenas intenciones pueden causar problemas.

¿Oíste alguna vez del granjero de Nínive que podía entender el lenguaje de los animales? No es el tipo de cuento que a los hombres les guste contar en casa del herrero. Te lo contaré, pues deberías saber que prestar y pedir prestado es más que pasar el oro de las manos de uno a las manos de otro.

El granjero, que entendia lo que decían los animales entre ellos, todas las noches se paraba solo para escuchar lo que hablaban. Una noche oyó al buey quejarse al asno de la dureza de su destino:

–Arrastró el arado desde la mañana hasta la noche. No importa qué tan caliente esté el día, o qué tan cansadas estén mis piernas, o cuánto me irrite la yunta el cuello, igualmente tengo que trabajar. En cambio, tú eres una criatura hecha para el ocio. Decorado con una manta de colores, no haces más que llevar a nuestro amo a dónde él desee ir. Cuando él no va a ninguna parte, descansas y comes la verde hierba todo el día.

El burro, a pesar de sus perversas pezuñas, era un buen compañero y simpatizaba con el buey.

–Mi buen amigo –dijo--, trabajas muy duro y te ayudaré a disminuir tu carga. Por lo tanto, te diré cómo puedes tener un día de descanso. En la mañana, cuando el esclavo venga por ti para arar, tírate en el suelo y muge mucho, para que él pueda decir que estás enfermo y no puedes trabajar.

Así fue como el buey siguió el consejo del burro, y a la mañana siguiente el esclavo regresó con el granjero y le dijo que el buey estaba enfermo y no podía arrastar el arado.

–Entonces –dijo el granjero—engancha el burro al arado, pues la labranza debe continuar.

Todo el día el burro, quien solamente había intentado ayudar a su amigo, se encontró obligado a hacer él trabajo del buey. Cuando llegó la noche y fue liberado del arado, su corazón estaba aflijido, sus piernas estaban cansadas y su cuello estaba dolorido porque la yunta lo habia irritado.

El granjero se acercó al corral para escuchar. El buey comenzó primero:

—Eres un buen amigo, porque con tu sabio consejo he disfrutado de un día de descanso.

—Y yo –replicó el burro, soy como muchos otros ingenuos que comienzan a ayudar a un amigo y terminan por hacerle su trabajo. A partir de ahora, tu arrastrás tu propio arado porque he oído que el amo decía al esclavo que fuera a buscar al carnicero si sigues enfermo. Espero que lo haga porque eres un companero perezozo.

Desde entonces no se hablaron más. Esto terminó su amistad. ¿Puedes decirme la moraleja de este cuento, Rodan?

—Es un buen cuento –respondió--, pero no veo la moraleja.

—No pensé que fueras a descubrirla. Pero hay una y es muy simple. Simplemente esto: si deseas ayudar a tu amigo, hazlo en una forma que no caigan sobre ti sus responsabilidades.

—No había pensado en eso. Es una sabia moraleja. No deseo asumir las cargas del esposo de mi hermana. Pero dime, tú que prestas dinero a tanta gente: ¿Pagan los deudores?

Maton sonrió, con la sonrisa de un hombre cuya alma está enriquecida con mucha experiencia.

—¿Acaso seria un buen préstamo si no me lo devolvieran? ¿No crees que el prestamista tiene que ser lo suficienemente listo como para juzgar, con precaución si el que presta será de utilidad para el que lo pide prestado y después le será devuelto, o si el oro se desperdiciaría inúltilmente y dejará al que ha pedido abrumado por una deuda que nunca podrá devolver?

Te mostraré las prendas en mi cofre y ellas te contarán algunas de sus historias.

Maton trajo de adentro del cuarto un cofre tan largo como su brazo, cubierto con piel de cerdo roja y ornamentada con diseños de bronce. Lo colocó sobre el piso y se puso en cuclillas ante él, poniendo ambas manos sobre la tapa.

—Exigo una garantía de cada persona a quien le presto dinero, y la dejo en el cofre hasta que me devuelven el dinero. Cuando esto sucede, yo se las regreso. Pero si ellos nunca pagan, las prendas siempre me recordarán a alguien que no fue fiel a mi confianza.

El cofre me demuestra que lo más seguro es prestar dinero a aquellos cuyas posesiones tienen más valor que el oro que desean que les preste. Ellos poseen tierras, joyas, camellos, u otros objetos que se podrían vender para pagar el préstamo. Algunas de las prendas que me han dado, tiene más valor, que el préstamo. Algunas de las prendas que me dan tienen más valor que el préstamo. Con otras prometen entregarme una parte de sus propiedas como pago si no lo devuelven. Gracias a esta clase de préstamos, me aseguro qe que me devolverán el oro con interses ya que el préstamo se basa en el valor de las propiedades.

Hay otra categoría de personas que piden dinero prestado: los que pueden ganar dinero. Ellos son como tú, gente cuyo trabajo o servicio se paga. Tienen ingresos y, si son honestos y no sufren desgracias, sé que ellos también pueden pagarme el oro que les presté y el interés a que tengo derecho. Tales préstamos están basados en el esfuerzo humano.

Otros son los que no tienen ni propiedades, ni asegurada capacidad de ganar. La vida es dura y siempre habrá quienes no puedan adaptarse. ¡Ay!, pues en los años siguientes mi cofre podira reprocharme que les prestara dineor aunque sea menos que un centimo, a moenos que bueos amigso del que me ha pedido el dinero me garantizarán su devolución.

Maton liberó el broche y abrió tapa. Rodan se inclinó hacia adelante ansiosamente.

En la parte superior del arcón, había un collar de bronce sobre un lienzo escarlata. Maton recogió la moneda y la acarició afectuosamente.

–Ésta siempre permanecerá con mi cofre porque el dueño esta muerto. Yo atesoro su prenda y atesoro su memoria, pues él era un gran amigo. Negociamos juntos con mucho éxito hasta que del Oriente trajo a una mujer para casarse, hermosa, pero no como nuestras mujeres. Una deslumbrante criatura. Malgastó todo su oro para satisfacer sus deseos. Vino a mí con angustia cuando su oro se fue. Lo consolé y le dije que lo ayudaría una vez más a dirigir sus negocios. Él juró por la señal del gran toro que así lo haría. Pero no fue así. En una riña ella le hundio un cuchillo en el corazón que él la habia desfiado a que hiciera.

–¿Y ella? –preguntó Rodan.

Sí, por supuesto, éste era suyo –recogió el lienzo escarlata-. En amargo remordimiento ella se lanzó al Éufrates. Estos dos préstamos nunca serán pagados. El cofre nos dice, Rodan, que los seres humanos durante angustias de grandes emociones no son negocio seguro para el prestamista de oro.

– Ahora te voy a contar una histora diferente –alcanzó un anillo tallado en un hueso de buey-.

Éste pertenece a un granjero. Yo compro los tapetes que sus mujeres tejen. Llegaron los saltamontes y devastaron sus cosechas y sus trabajadores no tenían comida. Le ayudé y la cosecha siguiente me pagó. Más tarde vino otra vez y me contó de unas extrañas cabras de una tierra distante, como descritas por un viajero; tenían pelo largo, tan fino y suave que se tejería en tapetes más bellos que cualquiera de los que se hubieran visto en Babilonia. Él quería un rebaño, pero no tenía dinero. Así que le presté oro para que hiciera el viaje y trajera las cabras. Ahora ya tiene su rebaño y el próximo año sorprenderá a los amos de Babilonia con los tapetes más caros que nunca han tenido la oportunidad de comprar. En breve debo regresarle su anillo. Él insiste en pagar prontamente.

–¿Algunos deudores hacen eso? –preguntó Rodan.

–Si ellos piden prestado con la finalidad de pagarlo, yo lo encuentro así. Pero si ellos piden prestado debido a sus indiscreciones, te advierto que seas precavido si alguna vez vuelves a tener el oro en tus manos.

–Cuéntame acerca de esto –requirió Rodan, recogiendo un pesado brazalete de oro insertado con joyas de varios diseños.

–¿Te atraen las mujeres, mi buen amigo? –bromeó Maton.

–Soy bastante más joven que tú –replicó Rodan.

–Estoy de acuerdo, pero esta vez sospechas un romance donde no lo hay. La dueña de esto es gorda y arrugada y habla tanto y dice tan poco, que me enloquece. Una vez tuvieron mucho dinero y eran buenos clientes, pero malos tiempos cayeron sobre ellos. Ella tiene un hijo a quien quería hacer comerciante. Así que vino a mí y me pidió prestado oro para que él pudiera hacerse socio del dueño de una caravana que viajaba con sus camellos y trocaba que en una ciudad lo que compraba en otra.

Este hombre resultó ser un ladrón, pues dejó al pobre muchacho en una lejana ciudad sin dinero y sin amigos, abandonándolo mientras el joven dormía. Tal vez cuando este joven crezca me pagará; desde entonces no recibo intereses por el préstamo, solamente palabras vanas. Pero admito que las joyas valen más que el préstamo.

–¿Y esta mujer, te pidió algún consejo sobre este préstamo?

Al contrario, se había imaginado a su hijo como un hombre rico y poderoso de Babilonia. Sugerir lo contrario la hubiera enfurecido. Solomente tuve derecho a una reprimenda. Sabía que corría un riesgo porque su hijo era inexperto pero como ella ofreció la garantía, no me pude rehusar.

–Esto –continuó Maton, mientras agitaba un pedazo de cuerda anudado -pertenece a Nebatur, el comerciante de camellos. Cuando compra un rebaño que cuesta más de lo que posee, me trae este nudo y yo le hago un préstamo según sus necesidades. Es un comericante muy sabio. Tengo confianza en su buen juicio y puedo prestarle sin reservas. Muchos otros comerciantes de Babilonia tienen mi confianza debido a su honorable conducta. Los objetos que me entregan en depósito entran y salen regularmente del cofre. Los buenos comerciantes son un elemento de buen éxito para nuestra ciudad y es beneficioso ayudar a mantener en movimiento el comercio para que Babilonia sea próspera.

Maton recogió un escarabajo tallado en turquesa y lo arrojó despectivamente sobre el piso

–Es un insecto de Egipto. Al joven dueño de esta piedra no le importa si recupero el oro. Cuando se lo reclamo, él me contesta: "¿Cómo puedo pagarte cuando la mala suerte me persigue? ¡Tú tienes mucho más oro!" ¿Qué puedo hacer? La prenda pertenece a su padre, un hombre digno de pocos medios, quien empeñó su tierra y su ganado para regresar la empresa a su hijo. El joven encontró éxito al principio y luego empezó a estar muy ansioso por ganar enriquecerse. Por culpa de su inexperiencia, sus empresas fallaron.

La juventud –prosiguió Maton—es ambiciosa. Les gustaria conseguir rapidamente las riquezas y las cosas deseables que representa. Para asegurar la riqueza rápidamente la juventud a menudo pide prestado imprudentemente.

La juventud, por falta de experiencia, no puede darse cuenta de que la irreparable deuda es como un profundo abismo al cual, uno puede descender rápidamente, y en donde uno puede luchar vanamente por muchos días. Es un abismo de pena y remordimiento donde la luz del sol se ensombrece y la noche perturba un sueño agitado. Sin embargo, yo no desanimo a pedir oro prestado. Yo animo a ello. Lo recomiendo si es para un sabio propósito. Yo tuve mi primer éxito real como comerciante con dinero prestado.

Pero ¿qué debería ser el prestamista en tal caso? El joven está desesperado y no consigue nada. Está desanimado. No hace ningún esfuerzo por devover el dinero Y yo no quiero depojar a a su padres de sus tierras y de su ganado.

—Me has contado mucho de lo que estaba interesado en escuchar – dijo Rodan-, pero no escuché respuesta a mi pregunta. ¿Debo prestar las cincuenta monedas de oro al esposo de mi hermana? Ellas significan mucho para mí.

—Tu hermana es una mujer valiente a quien yo estimo mucho. Su esposo debería de venir a verme y pedirme prestadas las cincuenta monedas de oro. Y yo le preguntaría para que propósito las quiere.

Si él contesta que desea ser un comerciante como yo y vender joyas y muebles finos, yo le diría: "¿Qué conocimientos tienes de las costumbres del oficio? ¿Sabes dónde se puede comprar barato? Acaso podriar responder afirmativamente a todas estas preguntas?

—No, no podría –admitió Rodan--, él me ha ayudado mucho en hacer lanzas y me ha ayudado en hacer las compras.

—Entonces, le diría que su propósito no es sensato. Los comerciantes deben aprender su oficio. Su ambición, aunque valiosa, no es lógica y por lo tanto no le prestaría dinero.

Pero, supongamos que él dijera: "Sí, yo les he dado mucho a los comerciantes. Sé cómo ir a Esmirna para comprar a bajo precio los tapetes que tejen las amas de casa."

También conozco mucha gente rica de Babilonia a quienes puedo venderlos con gran ganancia" Entonces le diría: "Tu propósito es sensato y tu ambición honorable. Me alegraré en prestarte las cincuenta monedas de oro si tú puedes darme garantía de que me las devolverás.

Pero él diría: "No tengo más garantía que mi honorabilidad. Te pagaré bien por tu préstamo". Entonces yo explicaría: "Yo atesoro mucho cada moneda de oro. Si los ladrones te las quitan cuando viajes a Esmirna o te quitan los tapetes cuando vengan de regreso, no tendrás medios para pagarme y mi oro se habrá ido".

–El oro, ya lo ves, Rodan, es la mercancía del prestamista. Es fácil prestarlo. Si el oro es prestado imprudentemente, entonces es difícil recuperarlo. El prestamista prudente no desea el riesgo de la empresa sino prefiere la garantía de un pago seguro.

–Está bien –continuó- ayudar a aquellos que están en dificultades. Está bueno ayudar a los que no tienen suerte. Está bien ayudar a aquellos que están comenzando, para que puedan progresar y ser valiosos ciudadanos. Pero la ayuda ha de ser sensata, porque si no, igual que el burro de la granja deseoso de ayudar, cargaremos con un peso que pertenece a otro.

Otra vez esquivé tu pregunta, Rodan, pero escucha mi respuesta: Conserva tus cincuenta monedas de oro. Lo que ganas en tu trabajo y lo que se te da como recompensa es tuyo, y ningún hombre puede imponerte la obligación de que lo compartas, a menos que el hacerlo sea tu deseo. Si lo prestaras para que pueda ganar más oro, entonces préstalo con precaución con interés. No me gusta el oro ocioso, y mucho menos el riesgo.

¿Cuántos años has trabajado como fabricante de lanzas?

–Tres años completos.

–¿Cuánto, además del regalo del rey, has ahorrado?

–Tres monedas de oro.

–Cada año que has trabajado te has privado de las buenas cosas, para ahorrar de tus ganancias una moneda de oro.

–Es como tú dices.

–Entonces, ¿quizás privándote de las cosas buenas podrias ahorrar cincuenta monedas de oro en cincuenta años?

–Sería toda una vida de trabajo.

–¿Crees que tu hermana desearía arriesgar los ahorros de cincuenta años de trabajo para que su esposo pudiera experimentar ser un comerciante?

–No, visto de este modo, no

–Entonces ve a ella y dile: "He trabajado tres años todos los días excepto los días de fiesta, de la mañana hasta la noche; y me he privado de muchas cosas que mi corazón anhelaba. Por cada año de trabajo y de abnegacion, he conseguido una moneda de oro. Eres mi hermana favorita, y deseo que tu esposo pueda comprometerse en negocios en los cuales él prospere grandemente. Si el me presenta un plan que parezca sensato y posible a mi amigo Maton, entonces yo gustosamente le presto a él mis ahorros de un año entero para que tenga una oportunidad de demostrar que puede tener éxito". Haz lo que te digo, y si él tiene el alma de tener éxito, puede probarlo. Si falla, no te deberá más de lo que él pueda un día pagarte.

Soy prestamista de oro porque tengo más oro que el que puedo usar en mi oficio. Deseo que mi excedente de oro trabaje para los demás y así me aporte más oro. No me quiero arriesgar a perder mi oro porque he trabajado mucho y me he privado de cosas para ahorrarlo. Por lo tanto, no voy a prestarlo a quien no merezca mi confianza y me asegure que me será devuelto. Tampoco lo prestaré si no estoy convencido de que los intereses del préstamo me serán devueltos rapidamente.

Te he contado, Rodan, algunos secretos de mi cofre. De éstos secretos puedes entender la debilidad de los hombres y su ansiedad de pedir prestado aunque no siempre tengan los medios seguros para devolverlo. Con estos ejemplos, te darás cuenta de que a menudo, la gran esperanza de estos hombres sería adquirir grandes ganancias y simplemente se trata de falsas esperanzas porque no tienen ni la habilidad ni la experiencia para realizarlas.

Ahora tú, Rodan, ahora tienes el oro que podria producirte mas oro. Estás a punto de convertirte en un prestamista de oro como yo. Si conservas seguramente tu tesoro, te producirá, ganancias liberales y será una fuente abundante de placeres y ganancias para el resto de tus días. Pero si lo dejas escapar de ti, será una fuente de pena constante y remordimiento, tanto como dure tu memoria.

¿Qué es lo que más deseas para ese oro de tu bolsa?

—Mantenerlo seguro.

—Has hablado sabiamente —replicó Maton con aprobación-. Tu primer deseo es, pues seguridad; ¿Crees que en la custodia del esposo de tu hermana estaría, verdaderamente seguro de posible pérdida?

—Temo que no, porque no es prudente en su manera de guardar el oro.

—Entonces no te dejes influír por tontos sentimientos de obligación para confíar tu tesoro a alguna persona. Si quieres ayudar a tu familia o a tus amigos, encuentra otros medios que no arriesguen la pérdida de tu tesoro. No olvides que el oro se escapa inesperadamente a los que no saben guardarlo. También tu tesoro se gasta, conforme dejas a otros gastarlo por ti en extravagancias. ¿Qué deseas de tu tesoro además de que esté seguro?

—Que gane más oro.

—Otra vez hablas con sabiduría. Se debe hacer que gane y crezca más. El oro sabiamente prestado se duplica a sí mismo con sus ganancias, antes que un hombre como tú se haga viejo. Si te arriesgas a perderlo también te arriesgas a perder todo lo que podría ganar.

Por lo tanto, no te dejes influír por los planes fantásticos de hombres imprudentes, que piensan que saben la forma de hacer que tu oro produzca extraordinarias ganancias. Son planes forjados por soñadores inexpertos que no conocen las leyes seguras y fiables del comercio. Sé conservador en lo que esperes ganar, para que puedas conservar y disfrutar tu tesoro. Invertir el oro contra una promesa de ganancias usureras es ir a perderlo.

Busca asociarte con hombres y empresas cuyo éxito está asegurado, para que tu tesoro pueda ganar liberalmente y permenezca en un lugar seguro gracias a su astucia y experiencia.

De esta manera, evitarás las desgracias que acompañan a la mayoría de los hijos de los hombres a quienes los dioses confía el oro.

Cuando Rodan le daba las gracias por su sabio consejo, no le escuchó decir:

—El regalo del rey te ha enseñado mucha sabiduría. Si conservas tus cincuenta monedas de oro, debes ser ciertamente discreto. Tendrás tentaciones de invertir en muchos proyectos. Te darán muchos consejos Tendrás muchas oportunidades de hacer grandes ganancias. Antes de prestar ninguna moneda de oro, tienes que asegurarte de que te será devuelta. Si quiere consejos, vuelve a visitarme. Te los daré gustosamente.

Aquí vas a leer esto que he grabado debajo de la tapa de mi cofre . Se puede aplicar igualmente al prestamista como al que pide el dinero prestado:

MEJOR UN POCO DE PRECAUCIÓN
QUE UN GRAN REMORDIMIENTO

7 – Las Murallas De Babilonia

El viejo Banzar, guerrero feroz en otro tiempos, estaba de guardia en el pasillo que llevaba a la parte más alta de la muralla de Babilonia. Arriba, soldados defendian el acceso a las murallas. De ellos dependía la existencia futura de esta gran ciudad con sus cientos de miles de ciudadanos.

De más allá de las murallas llegaba el rugido de los ejércitos que combatían, los gritos de los hombres, las galopadas de miles de caballos, el ensordecedor ruido de los arietes que golpeaban las puertas de bronce.

Los lanceros estaban en alerta continua, preparados para impedir la entrada en la ciudad en el caso de que las puertas cedieran. No eran numerosos, los ejercitos principales estaban lejos, hacia el Este, acompañado al rey, que dirigía una campaña contra los elamitas. No habian previsto que pudieran ser atacados durante esta ausencia y las fuerzas defensoras eras escasas. Cuando nadie se lo esperaba, los grandes ejércitos Asirios llegaron del Norte. Las murallas deberían soportar el ataque, si no sería el fin de Babilonia.

Cerca de Banzar, había una multitud de ciudadanos, con expresiones de espanto y aterrorizados, buscando ansiosamente noticias de la batalla. Con silencioso terror veían el desfile de heridos y muertos que eran transportados o sacados del pasillo.

El asalto estaba llegando al momento crucial, tras haber rodeado la ciudad durante tres dias, el enemigo había concentrado sus fuerzas en aquella parte de la muralla y en aquella puerta.

Las defensas, situadas en la parte superior de la muralla, mantenían a una distancia a los adversarios que intentaban escalar la paredes de la muralla mediante plataformas o escaleras echándoles aceite hirviendo o tirando lanzas a los que conseguían llegar hasta lo más alto. Los enemigos respondian con un bombardeo mortal de flechas en contra de ellos.

El viejo Banzar ocupaba un puesto elevado desde el que podía ver muy bien todo lo que pasaba, se encontraba muy cerca del centro de los combates y era el primero en percibir los ataques freneticos del enemigo.

Un envejecido comerciante se acercó a él. Temblaban sus paralíticas manos.

–¡Dime! ¡Dime! –suplicó— ellos no pueden entrar! Mis hijos están con el buen rey. No hay ninguno para proteger a mi anciana esposa.

Robarán todos nuestros bienes, tomarán todas nuestras reservas. Nosotros ya somos viejos, demasiados para poder servir como esclavos, o defendernos por nosotros mismos. Nos moriremos de hambre. Pereceremos. Dime que ellos no pueden entrar.

–Cálmate, buen comerciante –respondió el guardia--. Los muros de Babilonia son fuertes. Regresa al bazar y dile a tu esposa que los muros los protegerán a ustedes y a todas sus bienes como a los ricos tesoros del rey. Permanece cerca de la muralla para que no te alcancen las flechas.

Una mujer, con un bebé en los brazos tomó el lugar del viejo que se retiraba.

–Sargento, ¿qué noticias hay de allá arriba? Dime la verdad para poder tranquilizar a mi pobre esposo. Esta en cama con una gran fiebre producida por sus terribles heridas. Pero insiste en protegernos con su armadura y su lanza porque estoy encinta. Dice que será terrible la venganza de nuestros enemigos, si ellos entran.

–Tranquiliza tu corazón, madre, y que volverás a ser. Las murallas de Babilonia te protegerán a ti y a tus niños. Son altas y solidas, ¿no escuchas los gritos de nuestros valientes defensores cuando tiran los calderos de aceite hirviendo a los que intentan escalar los muros?

–Sí, eso oigo, y también el resonar de los arietes que chocan contra nuestras puertas.

–Regresa a tu marido. Dile que las puertas son fuertes y resistirán el embate de los arietes. Dile también que a los que escalan las murallas les espera una lanza. Ve con cuidado y date prisa en llegar a los edificios, donsde estarás mas segura.

Banzar se apartó despejando el pasillo para dejar la via libre a los refuerzos armados, mientras éstos marchaban con rechinantes escudos y pesado caminar, una niñita lo jaló de su cinturón.

–Dime, por favor, soldado ¿estamos seguros? Escucho espantosos ruidos. Veo a todos los hombres sangrando. Estoy tan asustada... ¿qué será de nuestra familia, de mi madre, de mi hermanito y el bebé?

El viejo guerrero, parpadeó sus ojos y empujó hacia delante su barbilla cuando contempló a la criatura.

–No temas, pequeña –la tranquilizó-. Los muros de Babilonia

protegerán a ti, a tu madre , a tu hermanito y al bebé. Fue para la seguridad de gente como ustedes, que la buena reina Semíramis los construyó hace cien años. Nunca han sido traspasados. Regresa y dile a tu madre, a tu hermanito y al bebé que los muros de Babilonia los protegerán y no necesitarán tener miedo.

Día tras día, el viejo Banzar permanecia en su puesto y observaba como los recien llegados subían a la pasarela y combatían hasta que heridos o muertos, los bajaban. A su alrededor, una muchedumbre de ciudadanos atemorizados y ansiosos quería saber si las murallas aguantarían. El daba a todos la misma respuesta con la dignidad del Viejo soldado: Las murallas de Babilonia nos protegeran.

Por tres semanas y cinco días continuó el ataque con incesante violencia. Cada dia la mandibula de Banzar se ponía dura y llena de preocupación cuando el pasillo tras él, húmedo con la sangre de muchos heridos, se revolvía con el lodo del incesante desfile de hombres que subían y bajaban tambaleantes. Todos los dias, los atacantes masacrados se amontonaban frente de la muralla.; todas las noches, sus camaradas los transportaban y enterraban.

En la quinta noche de la cuarta semana, el clamor continuaba sin mengua. Los primeros rayos de la luz del día iluminaban las llanura, descubriendo grandes nubes de polvo levantada por los ejércitos en retirada.

Un inmenso grito se levantó entre los defensores. No había duda sobre lo que queria decir. Fue repetido por las tropas que esperaban detrás de los muros; fue repetido por los ciudadanos en las calles. Barrió la ciudad con la violencia de una tempestad.

La gente salió precipitadamente de las casas. Las calles se llenaron con una palpitante multitud. Los sentimientos de miedo reprimidos durante semanas se transformaron en un grito de alegría salvaje. De lo alto de la gran torre del Templo de Bel salieron las llamas de victoria, una columna de humo azul subio al cielo para llevar el mensaje a todas partes.

Una vez más, las murallas de Babilonia habían repelido a un enemigo poderoso y feroz, dispuesto determinado a saquear sus ricos tesoros y a dominar a sus ciudadnos y reducirlos a la esclavititud.

Babilonia perduró siglo tras siglo, porque estaba *completamente protegida.* No podría haber sido de otra manera.

Las murallas de Babilonia fueron un ejemplo sobresaliente de la necesidad y deseo del hombre de estar protegido. Este deseo es inherente a la raza humana, hoy en día es tan fuerte hoy como en la antiguedad, pero nosotros hemos imaginado planes más amplios y mejores planes para llegar a este fin.

Hoy en dia, apostados tras los muros inexpugnables de los seguros, de las cuentas bancarias y de las inversiones fiables, podemos protegernos de las tragedias inesperadas que pueden surgir en cualquier momento.

NO PODEMOS PERMITIRNOS

ESTAR SIN

PROTECCION ADECUADA

8 - El Comerciante De Camellos De Babilonia

Entre más hambre se tiene, más activo se vuelve nuestro cerebro y más sensibles nos volvemos al olor de los alimentos.

Tarkad, el hijo de Azore, ciertamente pensaba así. Por dos días no había probado alimento, excepto dos pequeños higos robados de un jardin mas allá del muro. No pudo arrebatar otro porque una mujer enojada se le precipitó y lo persiguió por la calle. Sus gritos agudos resonaban en sus oídos mientras caminaba por el mercado; esto lo ayudó a reprimir sus inquietos dedos de arrebatar las tentadoras frutas de las canastas de las mujeres del mercado.

Nunca antes se había dado cuenta de la gran cantidad de comida que llegaba al mercado de Babilonia y qué bien olía. Tras dejar el mercado, cruzó a la posada y paseó de un lado a otro enfrente de la fonda. Tal vez aquí pudiera encontrar algún conocido a quien pudiera pedirle prestado un penique que le ganaría una sonrisa del nada amigable mesonero y, con ella, una gran porción de comida. Sin el penique, él sabía demasiado bien que sería mal recibido.

Distraido, inesperadamente, se encontró cara a cara con el hombre a quién más deseaba evitar, la figura alta y huesuda de Dabasir; el traficante de camellos. De todos los amigos y de otros a quienes les había pedido prestadas pequeñas sumas, Dabasir era quien lo hacía sentir más incómodo por haber fracasado en mantener su promesa de pagar prontamente.

La cara de Dabasir se iluminó al verlo.

–¡Ha! Es Tarkad, justamente quien he estado buscando para que pudiera pagarme los dos monedas que le presté hace una luna; también la moneda de plata que le presté antes de eso. ¡Qué bien que nos encontramos! Yo puedo hacer buen uso de las monedas este mismo día. ¿Qué dices, muchacho? ¿Qué dices?

Tarkad tartamudeó y su cara se sonrojó. No tenía nada en su estómago vacío para animarse a discutir con el Dabasir.

–Lo siento, lo siento mucho –musitó débilmente-, pero hoy no tengo el penique ni la moneda de plata que te debo.

–Entonces, consíguelos –insistió Dabasir-. Seguro que puedes encontrar un par monedas de cobre y una de plata para pagar la generosidad de un viejo amigo de tu padre que te ha ayudado cuando te hacia falta.

–No te puedo pagar por culpa de la mala suerte.

–¡Mala suerte! ¿Culparías a los dioses por tu propia debilidad. La mala suerte persigue a cada hombre que piensa más en pedir prestado que en pagar. Ven conmigo, muchacho, mientras como. Tengo hambre y te contaré un cuento.

Tarkad retrocedió ante la brutal franqueza de Dabasir, pero aquí al menos encontraba una invitación para entrar por la codiciada puerta de la casa de comida.

Dabasir lo empujó a una lejana esquina del salón donde se sentaron sobre unas pequeñas alfombras.

Cuando Kauskor, el propietario, apareció sonriente, Dabasir se dirigió a él con su acostumbrada familiaridad.

–Lagartija gorda del desierto, tráeme una pierna de cabra, muy dorada y con mucha salsa, pan y todos los vegetales, pues tengo mucha hambre y necesito mucha comida. No olvides aquí a mi amigo. Tráele una jarra de agua y que sea fresca, pues el día está caluroso.

El corazón de Tarkad parecia desfallecer. ¿Debería él sentarse ahí y beber agua mientras observaba a este hombre devorar entera una pierna de cabra? No dijo nada; no sabia que pudiera decir.

Dabasir, en cambio, no conocía el silencio. Sonriendo y saludando con naturalidad a los otros clientes que lo conocían, continuó:

–Oí de un viajero que acaba de regresar de Urfa, de un cierto hombre rico que tiene una moneda de piedra cortada tan delgada que uno puede ver a través de ella. La coloca en la ventanas de su casa para que no entre la lluvia. La piedra es amarilla, así este viajero lo relata, y le permite mirar a través de ella y todo el mundo exterior se veía extraño y diferente de lo que es en realidad ¿Tu qué piensas Tarkad? ¿Crees que un hombre puede ver el mundo de un color diferente del que tiene en realidad?

–No sabria decirlo –respondió el joven, mucho más interesado en la pierna gorda de cabra colocada delante de Dabasir.

–Pues yo sé que es cierto, ya que he visto con mis propios ojos el mundo de un color diferente del que en realidad es; y la historia que estoy a punto de contarte relata cómo llegué a verlo en su verdadero color nuevamente.

–Dabasir contará un cuento –susurró alguien de una mesa vecina a su compañero y acercó su alfombra hacia ellos. Otros comensales trajeron su comida y se amontonaron en un semicírculo. Masticaban ruidosamente en los oídos de Tarkad y lo tocaban con sus carnosos huesos. Solamente él estaba sin comida. Dabasir no le ofreció compartir con él, ni siquiera le empujó una pequeña esquina del pan duro que se partió y había caído del plato al piso.

–El cuento que estoy a punto de contar –comenzó Dabasir, dejando de morder un buen trozo de pierna de cabra – relata mi juventud y cómo me hice traficante de camellos.

¿Sabía alguien que una vez fui esclavo en Siria?

Un murmullo de sorpresa corrió a través del auditorio al cual Dabasir escuchó con satisfacción.

–Cuando era joven –continuó Dabasir después de otra viciosa embestida a la pierna de cabra—aprendí el oficio de mi padre, la fabricación de sandalias. Trabajé con él en su taller hasta que me casé. Siendo joven y no muy hábil, ganaba poco, apenas lo suficiente para mantener a mi excelente esposa en una forma modesta. Yo anhelaba cosas buenas que no podía permitirme. Pronto encontré que los mercaderes confiaban en que les pagara más tarde aunque yo no pudiera pagarles en ese tiempo.

Siendo joven y sin experiencia yo no sabía que el que gasta más de lo que gana, está sembrando los vientos de su innecesario desenfreno, y cosecha tempestades de problemas y humillación. Así que di gusto a mis caprichos por buenas prendas y compré lujos para mi buena esposa y para nuestro hogar, más allá de nuestros medios.

Yo pagaba como podía y por un tiempo todo fue bien. Pero con el tiempo descubrí que no podía usar mis ganancias para vivir y pagar mis deudas. Los acreedores comenzaron a perseguirme para que pagara mis extravagantes compras y mi vida se hizo miserable. Pedí prestado a mis amigos, pero no pude pagarles tampoco. Las cosas fueron de mal en peor. Mi esposa regresó con su padre y yo decidí dejar Babilonia y buscar otra ciudad donde un joven pudiera tener mejores oportunidades.

Por dos años tuve una vida agitada y sin éxitos, trabajando para los mercaderes de caravanas. Después pasé a un grupo de simpáticos ladrones que recorrían el desierto buscando caravanas desarmadas. Tales hazañas no eran dignas del hijo de mi padre, pero yo estaba viendo el mundo a través de una piedra de color y no me daba cuenta de la degradación en que había caído.

Encontramos éxito en nuestro primer viaje, capturando un rico cargamento de oro, seda y mercancías de gran valor. Llevamos este botín a Ginir y allí lo despilfarramos.

La segunda vez no fuimos tan afortunados. Poco después de que hicimos nuestra captura, fuimos atacados por los lanceros de un jefe nativo a quien las caravanas le pagaban por protección. Mataron a nuestros dos líderes, y los que quedamos fuimos llevados a Damasco donde fuimos despojados de nuestra ropa y vendidos como esclavos.

Yo fui vendido por dos monedas de plata a un jefe del desierto sirio. Con mi pelo rapado y sólo usando un taparrabo, no era tan diferente de otros esclavos. Siendo un joven atolondrado, pensé que sería una simple aventura, hasta que mi amo me llevó ante sus cuatro mujeres y les dijo que podrían tenerme como eunuco.

Entonces, ciertamente, me di cuenta de lo desesperado de mi situación. Estos hombres de desierto eran fieros y aguerridos. Yo estaba sujeto a su voluntad, sin armas ni medios de escape.

Temeroso me puse de pie, cuando aquellas cuatro mujeres me examinaban. Sira, la primera esposa, era más vieja que las otras. Su cara era impasible cuando me miraba. Me alejé de ella desconsolado. La siguiente era una despectiva belleza que me contempló tan deferentemente como si yo hubiera sido un gusano de la tierra. Las dos más jóvenes se rieron entre dientes como si todo fuera una broma divertida.

Pareció una eternidad lo que estuve parado esperando sentencia. Cada mujer parecía dispuesta a que las otras decidieran. Finalmente Sira habló con una voz fría.

–Tenemos suficientes eunucos, pero tenemos pocos guardiantes de camellos, y no sirven para nada. Inclusive en este día visitaré a mi madre que está enferma con fiebre y no hay esclavo que pueda conducir mi camello. Pregunta a este esclavo si puede guiar un camello.

Mi amo, por lo tanto, me preguntó.

–¿Qué sabes de camellos?

Luchando por esconder mi estusiasmo, respondí:

–Puedo hacerlos arrodillarse, los puedo cargar y puedo conducirlos en largos viajes sin cansarme. Si es necesario, puedo reparar sus arreos.

–El esclavo sabe bastante –observó mi amo-. Si tú lo deseas así, Sira, toma a este hombre como tu camellero.

Así fui transferido a Sira y ese día conduje su camello en una larga jornada hacia su madre enferma. Aproveché la ocasión para agradecerle su intervensión y también contarle que yo no era esclavo de nacimiento, sino el hijo de un hombre libre, un honorable fabricante de sandalias de Babilonia. También le conté mucho de mi historia. Sus comentarios fueron desconcertantes para mí y más tarde reflexioné largamente sobre lo que me habia dicho,

–¿Cómo puedes llamarte un hombre libre cuando tu debilidad te ha conducido a esto? Si un hombre tiene en sí mismo el alma de un esclavo, ¿no llegará a ser uno de ellos sin importar su nacimiento, igual que el agua busca su nivel? Si un hombre tiene dentro de sí mismo el alma de un hombre libre, ¿no llegará a ser respetado y honrado en su propia ciudad a pesar de su desgracia?

Por un año fui un esclavo y viví con los esclavos, pero no podía convertirme uno de ellos. Un día Sira me preguntó:

–En la noche, cuando los otros esclavos se juntan en agradable compañía ¿por qué te sientas solo en la tienda?

A lo cual respondí.

–He pensado lo que tú me has dicho. Me pregunto si tengo el alma de un esclavo. Yo no puedo reunirme con ellos, así que debo sentarme aparte.

–Yo también debo sentarme aparte –me confió—Mi dote, era grande y mi señor se casó conmigo por eso. Pero él no me desea y lo que toda mujer anhela es ser deseada. Debido a esto y porque soy estéril y no tengo hijos, debo sentarme aparte. Si yo fuera hombre preferiría morir que ser un esclavo, pero las leyes de nuestra tribu hacen esclavas a las mujeres.

–¿Qué piensas de mí esta vez? –le pregunté repentinamente- ¿Tengo el alma de un hombre libre o tengo el alma de un esclavo?

–¿Tienes el deseo de pagar las justas deudas que debes en Babilonia? –replicó.

–Sí, tengo el deseo, pero no veo la forma.

–Si tú tranquilamente dejas los años pasar y no haces un esfuerzo para pagar, entonces tienes el alma comparable a la de un esclavo. No es hombre quien no puede respetarse a sí mismo, y ningún hombre puede respetarse a sí mismo si no paga sus deudas honestas.

–¿Pero, qué puedo hacer yo si soy un esclavo de Siria?

–¡Sigue de esclavo en Siria, débil criatura!

–¡No soy una débil criatura! –negué ardientemente.

–¡Entonces pruébalo!

–¿Cómo?

–¿Tu gran rey no combate a sus enemigos en todas las formas que puede y con cada fuerza que tiene? Tus deudas son tus enemigos. Ellas te echaron de Babilonia. Tú las dejaste solas y crecieron haciéndose demasiado fuertes para ti. Si las hubieras combatido como un hombre, podrías haberlas conquistado y haber sido honrado entre la gente del pueblo. Pero, tú no tenías el alma para combatirlas y mira, tu orgullo ha caído hasta convertire en un esclavo en Siria.

Pensé mucho en sus desagradables acusaciones y formulé muchas frases defensivas para probarme a mí mismo, no ser un esclavo de corazón, pero no tuve la oportunidad de usarlas. Tres días más tarde la doncella de Sira me llevó con su ama.

–Mi madre está otra vez muy enferma –dijo ella-. Ensilla los dos mejores camellos del rebaño de mi esposo. Lleva bolsas de piel con agua y bolsas de viaje para una gran jornada. La doncella te dará comida en la tienda de la cocina.

Cargué los camellos con el equipaje extrañándome mucho de la gran cantidad de provisiones que la doncella suministró, pues la madre vivía no más lejos de un día de jornada. La doncella viajó en el camello de atrás y yo conduje el camello de mi ama. Cuando llegamos a la casa de su madre, acababa de oscurecer. Sira despidió a la doncella y me dijo:

–Dabasir, ¿tienes el alma de un hombre libre o el alma de un esclavo?

–El alma de un hombre libre, insistí.

Ahora es la oportunidad de probarlo. Tu amo se ha emborrachado profundamente y sus capitanes están en estupor. Toma luego estos camellos y haz tu escapatoria. Aquí en esta bolsa hay vestidos de tu amo para disfrazarte. Yo le diré que robaste los camellos y huiste mientras yo visitaba a mi madre enferma.

–Tú tienes el alma de una reina –le dije-. Quisiera mucho poder conducirte a la felicidad.

–No espera la felicidad–respondió—a la esposa que huye de su marido para buscarla en tierras lejanas entre extranjeros. Toma tu propio camino y que los dioses del desierto te protejan, pues el camino es largo y estéril de comida y agua.

No necesitaba más apremio, pero se lo agradecí ardientemente y me alejé en la noche. No conocía este extraño país y tenía solamente una vaga idea de la dirección en la cual estaba Babilonia, pero viajé valientemente a través del desierto hacia las colinas. Montaba un camello y conducía al otro. Viajé toda la noche y todo el día siguiente, lleno de ansiedad por el conocimiento de la terrible suerte que les espera a los esclavos que roban las propiedades de sus amos y tratan de escapar.

Ya avanzada la tarde, llegué a un campo áspero tan inhabitable como el desierto. Las agudas rocas herían las patas de mis fieles camellos que lentamente y con esfuerzo elegían la ruta. No encontré ni hombre ni bestia y bien pude entender por qué evitaban esta inhospitalaria tierra.

Fue una jornada tal, que pocos hombres viven para contar una igual. Día tras día avanzamos lentamente. La comida y el agua se acabó. El calor del sol era despiadado. Al final del noveno día, me resbalé por detrás de mi montura con la creencia que yo estaba demasiado débil para volver a montar y que, seguramente, moriría perdido en este campo abandonado.

Me tiré sobre el suelo, dormí, y no me desperté hasta el primer resplandor de la luz del día.

Me senté y miré alrededor de mí. Había una frialdad en el aire matutino. No muy lejos estaban mis camellos abatidos. Junto a mí había una vasta extensión de áspero campo cubierto con rocas, arena y espinas, ninguna señal de agua, nada para comer para un hombre o un camello.

¿Podría ser que en esta apacible inquietud encontrara mi fin? Mi mente estaba más clara de lo que hubiese estado alguna vez antes. Mi cuerpo ahora parecía de poca importancia, mis resecos y sangrantes labios, mi seca e hinchada lengua, mi estómago vacío, todos habían perdido sus supremas agonías del día anterior.

Medía la inmensidad descorazonadora del desierto y una vez más me pregunté: "Tengo el alma de un esclavo o el alma de un hombre libre?" Entonces con claridad me di cuenta que si yo tenía el alma de un esclavo, me rendiría, me tendería en el desierto y moriría, un final apropiado para un esclavo fugitivo.

Pero si tenía el alma de un hombre libre, ¿entonces qué pasaría? Seguramente forzaría mi regreso a Babilonia, pagaría a la gente que había confiado en mí, traería felicidad a mi esposa, que verdaderamente me amaba, y paz y satisfacción a mis padres.

"Tus deudas son tus enemigos que te han echado a Babilonia", había dicho Sira. Sí, así era. ¿Por qué había rehusado ponerme de pie como un hombre? ¿Por qué le había permitido a mi esposa regresar con su padre?

Entonces sucedió una cosa extraña. Todo el mundo pareció ser de un color diferente, como si yo hubiera estado mirándolo a través de una piedra de color, la cual había sido repentinamente removida. Al fin vi los verdaderos valores de la vida.

¿Morir en el desierto? ¡Yo no! Con una nueva visión vi las cosas que debía hacer. Primero regresaría a Babilonia y encararía a cada hombre a quien le debiera una deuda no pagada. Les contaría que después de años de aberración y desgracia, había regresado a pagar mis deudas tan rápido como los dioses lo permitieran. Seguidamente haría una casa para mi esposa y llegaría a ser un ciudadano de quien mis padres estuvieran orgullosos.

Mis deudas eran mis enemigos, pero los hombres a quienes les debía eran mis amigos, pues ellos habían confiado en mí y creído en mí.

Me tambaleé débilmente sobre mis pies. ¿Qué importa el hambre? ¿Qué importaba la sed? Sólo eran obstáculos en el camino a Babilonia. Dentro de mí surgió el alma de un hombre libre que regresaba a conquistar a sus enemigos, y recompensar a sus amigos. Me estremecí con la gran resolución.

Los vidriosos ojos de mis camellos brillaron con el nuevo tono de mi enérgica voz. Con gran esfuerzo, después de muchos intentos, los camellos se pararon. Con piadosa perseverancia se dirigieron hacia el norte, donde algo dentro de mí decía que encontraríamos Babilonia.

Encontramos agua. Atravesamos a un campo fértil donde había hierba y fruta. Encontramos el camino a Babilonia porque el alma de un hombre libre mira la vida como una serie de problemas para ser resueltos y los resuelve, mientras el alma de un esclavo se lamenta: "¿Qué puedo hacer yo que no soy sino un esclavo?"

¿Qué te parece, Tarkad? ¿Tu estómago vacío hace aclarar excesivamente tu cabeza?

¿Estás listo a tomar el camino que conduce de regreso al respeto propio? ¿Puedes ver el mundo en su verdadero color? ¿Tienes el deseo de pagar tus deudas, por muchas que puedan ser y otra vez ser un hombre respetado en Babilonia?

Los ojos del hombre se humedecieron. Se arrodilló ansiosamente.

–Me has mostrado una visión, ya siento surgir dentro de mí el alma de un hombre libre.

–Pero, ¿cómo te fue a tu regreso? –preguntó un oyente interesado.

–*Donde está la determinación, el camino se puede encontrar* – respondió Dabasir-. Yo ahora tenía la determinación, así que partí a encontrar un camino. Primero visité a cada hombre con quien estaba en deuda, y le supliqué su indulgencia hasta que pudiera ganar con qué pagarle; muchos de ellos me recibieron afectuosamente. Varios me injuriaron, pero otros ofrecieron ayudarme; uno, ciertamente, me dio la mucha ayuda que yo necesitaba. Fue Maton, el prestamista de oro. Sabiendo que yo había sido camellero en Siria, me envió al viejo Nebatur, el traficante de camellos, a quien acababa de comisionar nuestro buen rey para comprar muchos rebaños de buenos camellos para la gran expedición. Con él, puse en práctica mi conocimiento acerca de camellos.

Gradualmente pude pagar cada penique y cada moneda de plata. Entonces, al fin pude levantar mi cabeza y sentir que yo era un hombre honorable entre los hombres.

Otra vez Dabasir volvió a su comida.

–Kauskor! –gritó para ser oído en la cocina-. La comida está fría. Tráeme más carne fresca del asador. Trae también una muy grande porción para Tarkad, el hijo de mi viejo amigo, quien tiene hambre y comerá conmigo.

Así terminó el cuento de Dabasir, el traficante de camellos de la vieja Babilonia. Él encontró su propia alma cuando se dio cuenta de una gran verdad, que ya habían descubierto y aplicado hombres sabios desde mucho antes de esa época. Esta verdad había ayudado a muchos hombres a superar las dificultades y llegar al exito, seguiría haciéndolo a todos los que comprendieran su fuerza mágica. Cualquiera que lea estas lineas la poseerá.

DONDE ESTÁ
LA DETERMINACIÓN

EL CAMINO
SE PUEDE ENCONTRAR

9 - Las Tablillas De Barro De Babilonia

St. Swithin's Collage
Nottingham University
Newark-on-Trent
Nottingham

21 de octubre de 1934

Sr. Profesor Franlkin Caldwell,
Encargado de la Expedición Científica Británica.
Hillah, Mesopotamia.

Mi querido profesor:

Las cinco tablillas de barro de sus recientes excavaciones en las ruinas de Babilonia han llegado en el mismo barco que su carta. He estado infinitamente fascinado, y he pasado muchas horas placenteras traduciendo sus inscripciones. Debía haber contestado su carta inmediatamente, pero he esperado hasta poder completar las traducciones, las cuales están anexadas.

Las tablillas llegaron sin daño, gracias al excelente sistema de conservación y al empaquetado.

Usted se sorprenderá, tanto como nosotros en el laboratorio, de la historia que relatan. Uno espera que un pasado tan lejano y oscuro esté lleno de romance y aventura, ya sabe algo así como Las Mil y Una Noches. Y luego se da cuenta de que los problemas del mundo antiguo, de hace cinco mil años, no son tan diferentes de los de ahora, como se puede constatar con la lectura de esto textos que cuentan las dificultades que encuentra para pagar sus deudas un personaje llamado Dabasir .

Es extraño, usted sabe, pero estas viejas inscripciones más bien me "regañaron", como dicen los estudiantes. Siendo un profesor universitario, se supone que sea un ser pensante que posee un conocimiento fundamental de muchas materias. No obstante, aquí sale este individuo de las polvorientas ruinas de Babilonia a ofrecer una manera, que nunca había oído, para pagar las deudas y al mismo tiempo conseguir más oro para tu cartera.

Agradable idea, digo yo, e interesante probar si trabajará tan bien en nuestros días como lo hizo en la vieja Babilonia. La Sra. Shrewsbury y yo estamos planeando probar su plan en nuestros propios asuntos, los cuales podrían mejorar en mucho.

Deseándole la mejor suerte en su valiosa empresa y esperando ansiosamente otra oportunidad de servirle,

Atentamente,
Alfred H. Shrewsbury
Departamento de Arqueología

TABLILLA NO. I

Esta noche de luna llena yo, Dabasir, que recientemente regresé de la esclavitud de Siria, con la determinación de pagar todas mis deudas y ser un hombre de medios, digno de respeto en mi nativa ciudad de Babilonia, grabo aquí sobre el barro un registro permanente de mis asuntos para que me guíen y ayuden a llevar a cabo mis mayores deseos.

Siguiendo el sabio consejo de mi buen amigo Maton; el prestamista de oro, estoy determinado a seguir un plan exacto que él dice que conducirá a cualquier hombre honorable liberarse de las deudas y a vivir en la riqueza y en el respeto a si mismo.

Este plan incluye tres propósitos, los cuales son mi esperanza y mi deseo.

Primero, el plan provee para mi futura prosperidad. Por lo tanto, un décimo de todo lo que gane separaré como mío para ahorrarlo. Pues Maton habló sabiamente cuando dijo:

"El hombre que guarda en su bolsa oro y plata que no necesita gastar, es bueno para su familia y leal a su rey."

"Pero el hombre que no tiene nada en su bolsa es insensible con su familia y desleal a su rey, pues su propio corazón está amargado."

"Por lo tanto, el hombre que desea trinfar debe tener en su bolsa dinero para poder hcaerlos tintinear; y amor en su corazón para su familia y lealtad a su rey".

Segundo, el plan prevé que yo cubra mis necesidades y las de mi buena esposa, quien ha vuelto lealmente conmigo de casa de su padre.

Pues Maton dice que cuidar bien a una fiel esposa pone respeto propio en el corazón de un hombre y agrega fuerza y determinación a sus propósitos.

Por lo tanto, siete décimos de todo lo que gano se usarán en proveer un hogar, ropa y comida, y una porción pequeña para gastar, para que nuestras vidas no carezcan de placer y disfrute. Pero Maton me ha recomendado que no gastáramos más de siete décimos de todo lo que yo gane para estos valiosos propósitos. Aquí reside el éxito del plan. Yo debo vivir con esta porción y nunca usar ni comprar lo que yo no pueda pagar fuera de esta porción.

TABLILLA NO. II

Tercero, el plan provee que fuera, de mis ganancias, mis deudas se pagarán.

Por lo tanto, cada vez que la luna esté llena, dos décimos de todo lo que gane se dividirá honorable y justamente entre aquellos que han confiado en mí con quienes estoy endeudado. Así, a su debido tiempo, todas mis deudas seguramente se pagarán.

Por lo tanto, grabo aquí el nombre de cada hombre de quien soy deudor y la cantidad honesta de mi deuda.

Fahru, el tejedor de ropa: 2 monedas de plata, 6 peniques.

Sinjar, el mueblero: 1 moneda de plata.

Ahmar; mi amigo: 3 monedas de plata, 1 penique.

Zankar, mi amigo: 4 monedas de plata, 7 peniques.

Askamir, mi amigo: 1 moneda de plata, 3 peniques.

Harinsir, el joyero: 6 monedas de plata, 2 peniques.

Diarbeker, el amigo de mi padre: 4 monedas de plata, 1 penique.

Alkahad, el dueño de la casa: 14 monedas de plata.

Maton, el prestamista de oro: 9 monedas de plata.

Birejik, el granjero: 1 moneda de plata, 7 peniques.

(De aquí en adelante, la placa está gastada el texto no se puede descifrar.)

TABLILLA NO. III

A estos acreedores les debo en total ciento diecinueve monedas de plata y ciento cuarenta y una de penique. Debido a que debía estas sumas y no vi manera de pagar, en mi insensatez, permití a mi esposa regresar con su padre y dejé mi ciudad natal y busqué en otro lugar la riqueza fácil para sólo encontrar desastre y verme vendido en la degradación de la esclavitud.

Ahora que Maton me ha enseñado cómo puedo pagar mis deudas con pequeñas sumas de mis ganacias, me doy cuenta de la gran extensión de mi locura al huir del resultado de mis extravagancias.

Por lo tanto, he visitado a mis acreedores y les he explicado que no tengo recursos con los cuales pagarles, excepto mi habilidad para ganar, y que intento aplicar dos décimos de todo lo que gano a mis deudas constante y honestamente. Que solomante podría pagar eso y que fueran pacientes, llegaría un dia en que habría cumplido enteramente las obligaciones contraídas

Ahmar, a quien yo creí mi mejor amigo, me insultó amargamente y lo dejé con humillación; Birejik, el granjero, me suplicó que le pagara a él primero, pues necesitaba mucha ayuda. Alkahad, el dueño de la casa, fue ciertamente desagradable e insistió en que él me perjudicaría a menos que pronto arreglara completamente mi deuda con él.

Todo el resto voluntariosamente aceptó mi proposición. Por lo tanto, estoy más determinado que nunca en llevarla a cabo, convencido de que es más fácil pagar las deudas que evitarlas. Trataré con imparcialidad a todos mis acreedores aunque no pueda satsifacer las necesidades y demandas de algunos de ellos.

TABLILLA NO. IV

Vuelve a ser luna llena. He trabajado duro con la mente despejada. Mi buena esposa ha apoyado mis intenciones de pagar a mis acreedores. Debido a nuestra sabia determinación, he ganado durante la pasada luna, comprando para Nabatur camellos robustos la suma de diecinueve monedas de plata.

Las he repoartido según el plan. Un décimo lo he separado para ahorrarlo, siete décimos los he dividido con mi esposa para pagar por nuestra subsistencia. Dos décimos los he dividido en peniques entre mis acreedores tan imparcialmente como se pudo hacer.

No vi a Ahmar pero se los dejé con su esposa. Birejik estuvo tan complacido que besó mi mano. El viejo Alkahad solamente estuvo malhumorado y dijo que debía pagar más rápido. A lo cual contesté que solo podria pagarle si estaba bien alimentado y tranquilo. Todos los demás me lo agradecieron y hablaron bien de mis esfuerzos.

Por lo tanto, al final de una luna, mi deuda se redujo casi cuatro monedas de plata, y poseo, además, casi dos monedas de plata, sobre las cuales ningún hombre, tiene derecho. Mi corazón está más ligero de lo que ha estado por mucho tiempo.

Otra vez la luna llena brilla. He trabajado duro, pero con pobre éxito. Pocos camellos he podido vender. Solamente he ganado once monedas de plata. Sin embargo, mi buena esposa y yo nos hemos atenido al plan, aun cuando no hemos comprado prendas de vestir nuevas y hemos comido sólo legumbres. Otra vez nos pagamos un décimo de las once monedas de plata, mientras vivimos con siete décimos. Me sorprendí cuando Ahmar alabó mi pago, aunque era pequeño. También Birejik.

Alkahad se enojó, pero cuando le dije que regresara su porción si él no la deseaba, la ha aceptado. Los otros como antes, estaban contentos.

Otra vez la luna brilla y estoy grandemente regocijado. Descubrí un buen rebaño de camellos y compré muchos buenos, por lo tanto mis ganancias fueron cuarenta y dos monedas de plata. Esta luna mi esposa y yo hemos comprado prendas de vestir y sandalias que necesitábamos mucho. También hemos comido carne y aves.

Más de ocho monedas de plata hemos pagado a nuestros acreedores. Inclusive Alkahad no protestó.

Grande es el plan, pues nos sacó de deudas y nos da la riqueza que es nuestra para ahorrar.

Tres veces la luna había estado llena desde la última vez que grabé sobre esta tablilla. Cada vez me pagué a mi mismo un décimo de todo lo que gané. Cada vez mi buena esposa y yo hemos vivido con siete décimos, aunque algunas veces es difícil. Cada vez yo pago a mis acreedores dos décimos.

En mi bolsa ahora yo tengo veintiún monedas de plata que son mías. Hacen que mi cabeza se enderece sobre mis hombros y me hacen sentirme orgulloso de caminar entre mis amigos.

Mi esposa conserva bien nuestro hogar y está bien vestida. Estamos felices de vivir juntos.

El plan es de un inmenso valor. ¿No ha hecho un antiguo esclavo un hombre honorable?

TABLILLA NO. V

Otra vez la luna llena brilla y recuerdo que ya hace mucho desde que grabé mi primera tablilla. Doce lunas en verdad han venido y se han ido. Pero hoy no descuidaré mi registro porque hoy es el día en que he pagado la última de mis deudas. Este es el día en el cual mi buena esposa y yo celebramos con gran fiesta lo que nuestra determinación ha conseguido.

Muchas cosas que por mucho tiempo recordaré, ocurrieron en mi visita final a mis acreedores. Ahmar suplicó mi perdón por sus palabras feas y me dijo que yo era alguien a quien él deseaba tener como amigo.

El viejo Alkahad no es tan malo después de todo, pues me dijo: "Antes eras como un trozo de barro blando que podia ser apretado y moldeado por cualquier mano, pero ahora eres una moneda de bronce capaz de contener un filo. Si necesitas plata y oro en cualquier momento, ven a mí"

No es él el único que me tiene en alta estima. Muchos otros hablan deferentemente de mí. Mi buena esposa me mira con una buena luz en sus ojos que hacen a un hombre tener confianza en sí mismo.

Pero ha sido el plan el que ha dado mi éxito. Me ha capacitado para pagar todas mis deudas y tener oro y plata resonando en mi bolsa. Yo lo recomiendo a todo el que desea salir adelante. Pues, verdaderamente, si capacitó a un ex esclavo a pagar sus deudas y tener oro en su bolsa, ¿no ayudará a cualquier hombre a encontrar su independencia? Y yo no lo he abandanado pues estoy convencido que si lo continúo más adelante, me hará un hombre rico entre los hombres.

St. Swithin's Collage.
Nottingham University
Newark-on-Trent
Nottingham

7 de Noviembre de 1936

Sr. Profesor Franlkin Caldwell
Encargado de la Expedición Científica Británica
Hillah, Mesopotamia.

Mi querido profesor:

Si en sus próximas excavaciones en aquellas ruinas de Babilonia, encuentra el fantasma de un antiguo ciudadano, un viejo fabricante de camellos llamado Dabasir, hágame un favor. Dígale que sus escritos sobre aquellas tablillas de arcilla, hace mucho tiempo, le han ganado la eterna gratitud de una pareja de profesores universitarios aquí en Inglaterra.

Usted probablemente recordará mi carta de hace un año en que la Sra. Shrewsbury y yo intentamos probar su plan para salir de deudas y al mismo tiempo tener dinero. Usted debe haber adivinado, aunque tratamos de evitar que nuestros amigos lo supieran, nuestra desesperada estrechez.

Estuvimos espantosamente humillados durante años por muchas viejas deudas, y enfermos de preocupación por el temor de que alguno de los comerciantes pudiera desatar un escándalo que me forzaría a salir de la universidad. Gastabamos cada chelín de nuestros ingresos, que era apenas suficiente para mantenernos a flote. Además estábamos forzados a hacer nuestras compras donde podíamos obtener más crédito sin importarnos si los precios era más elevados. .

Esto resultaba uno de esos círculos viciosos que empeora en lugar de mejorar. Nuestros esfuerzos eran desesperados. No podíamos cambiarnos a habitaciones menos costosas porque le debíamos al arrendador. Parecía que no había nada que pudiera mejorar nuestra situación.

Entonces, apareció su nuevo amigo, conocido, el viejo traficante de camellos de Babilonia, con un plan para hacer justamente lo que nosotros deseábamos conseguir. Nos animó amablemente a seguir su sistema. Hicimos una lista de todas nuestras deudas, la tomé y se la mostré a todos los que les debíamos.

Les expliqué cómo era simplemente imposible para mí pagarles en la forma en que las cosas estaban sucediendo. Ellos podían ver esto por sí mismos en las cifras. Entonces les expliqué que la única forma que veía para pagarles completamente era apartar veinte por ciento de mi ingreso mensuales dividiéndolo equitativamente entre ellos y de este modo devolverles lo que les debia en poco más de dos años. Durante ese tiempo haríamos todas nuestras compras al contado.

Ellos fueron realmente decentes. Nuestro abarrotero, un viejo amigo, lo planteó en una forma que nos ayudó a salir bien con la deuda restante: "Si pagan al contado todo lo que compran y van pagando lo que deben poco a poco, es mejor que si no me pagan nada." pues no le habíamos abonado nada a la deuda en tres años".

Finalmente obtuve de todos ellos un acuerdo de no molestarnos mientras el veinte por ciento del ingreso se pagara regularmente. Entonces comenzamos a programar cómo vivir con el setenta por ciento. Estábamos determinados a ahorrar el diez por ciento. El pensamiento de plata y posiblemente oro era más seductor.

Este cambio en nuestra vida fue todo una aventura. Disfrutamos imaginando esta forma y aquélla para vivir confortablemente con el restante setenta por ciento. Comenzamos con la renta y conseguimos asegurar una justa reducción. Después examinamos nuestras marcas favoritas de té y fuimos agradablemente sorprendidos de que a menudo podíamos comprar calidad superior a menos costo.

Es una historia demasiado larga para una carta, pero no probó ser difícil. Nos acomodamos a nuestra nueva situación con el mejor de los humores. Qué alivio resultó tener nuestros asuntos en tal forma que ya no somos perseguidos por pasadas deudas.

Yo no debo descuidar sin embargo, contarle de ese diez por ciento que se suponía deberíamos ahorrar. Bien, lo ahorramos por algún motivo. Ahora no se ría demasiado pronto. Usted ve, ésta es la parte alegre. Es divertido comenzar a acumular el dinero que uno no quiere gastar. Se siente más placer en acumular tal excedente que gastarlo.

Después que habíamos gozado con el contento de nuestros corazones, encontramos un uso más redituable para él. Tomamos una inversión en la cual podíamos pagar ese diez por ciento cada mes. Éste resultó ser la parte más satisfactoria de nuestra inversión. Es la primera cantidad que obtenemos aparte de mi cheque mensual.

Nos provoca un muy gratificante sentido de seguridad saber que nuestra inversión está creciendo constantemente. Para el tiempo en que los días de enseñanza terminen, deberá ser una cómoda suma, suficientemente grande para que el ingreso nos cuide desde ahí en adelante.

Y todo con el mismo salario. Difícil de creer aunque absolutamente cierto. Todas, nuestras deudas se pagan gradualmente y al mismo tiempo nuestra inversión aumenta. Además seguimos, financieramente mejor que antes. Quién pudiera creer que podría haber tal diferencia en resultados, entre seguir un plan financiero y simplemente flotar sin rumbo.

Al final del año próximo, cuando hayamos pagado todas las cuentas podremos invertir más y ahorrar para poder para viajar.

Hemos decidido no volver a permitir jamás que nuestros gastos para vivir excedan el setenta por ciento de nuestros ingreso.

Ahora usted puede entender por qué nos gustaría extender nuestro agradecimiento personal a ese viejo amigo cuyo plan nos salvó de nuestro infierno en la tierra.

Él lo conocía, había pasado por todo eso. Él quería que otros se beneficiaran con sus amargas experiencias. Es por ello que pasó horas tediosas grabando su mensaje sobre la arcilla.

Él tenía un verdadero mensaje para los sufridos semejantes, un mensaje tan importante que después de cinco mil años ha surgido de las ruinas de Babilonia, tan verdadero y tan vital como el día que fue sepultado.

Atentamente,
Alfred H. Shrewsbury
Departamento de Arqueología

10 - El Hombre Más Afortunado De Babilonia

A la cabeza de su caravana, orgullosamente cabalgaba Sharru Nada, el príncipe comerciante de Babilonia. Le gustaba la buena ropa y usaba túnicas que le sentaban bien. Le gustaban los animales de raza y montaba con agilidad en su semental árabe. Al mirarlo, difícilmente alguien habría adivinado sus avanzados años. Y, ciertamente, nadie habría sospechado que él estaba atormentado interiormente.

La jornada desde Damasco era larga y las dificultades del desierto muchas. Éstas no le importaban. Las tribus árabes eran feroces y ansiosas de saquear las ricas caravanas, pero no tenía miedo porque sus numerosas tropas de guardia le aseguraban protección.

Era por el joven a quien estaba trayendo desde Damasco, por lo que estaba perturbado. Era Hadan Gula, el nieto de su socio de muchos años, Arad Gula, a quien le debía una eterna gratitud. Le habría gustado hacer algo por este nieto, pero entre más consideraba esto, más difícil le parecía, por causa del jóven.

Mirando los anillos y aretes del joven, pensó para sí mismo: "Él cree que las joyas son para hombres, no obstante tiene el duro semblante de su abuelo. Pero su abuelo no usaba tan ostentosas túnicas. Sin embargo, he tratado de traerlo para ayudarlo a comenzar por sí mismo y escapar de la ruina que el padre ha hecho de su herencia".

Hadan Gula interrumpió sus pensamientos:

–¿Por qué trabajas tan duro, cabalgando siempre con tu caravana en largas jornadas? ¿Nunca tienes tiempo para disfrutar de la vida?

Sharru Nada sonrió:

–¿Disfrutar de la vida? –repitió-. ¿Qué harías para disfrutar la vida si tu fueras Sharru Nada?

–Si tuviera una riqueza igual a la tuya, viviría como un príncipe. Nunca cabalgaría a través del sofocante desierto. Gastaría las monedas tan rápido como entraran a mi bolsa. Usaría las más ricas túnicas y las más raras joyas. Ésa sería una vida a mi gusto, una vida digna de vivirse.

Ambos hombres rieron.

–Tu abuelo no usaba joyas –Sharru Nada habló antes de pensar, luego continuó burlonamente -. ¿No dejarías tiempo para trabajar?

–El trabajo fue hecho para los esclavos –respondió Hadan Gula.

Sharru Nada se mordió el labio, pero no replicó, y siguió cabalgando en silencio hasta que el camino los condujo a una cuesta. Aquí refrenó su montura y señaló alverde ejano valle verde.

–Mira, ahí está el valle. Mira más lejos y podrás ver borrosamente los muros de Babilonia. La torre es el Templo de Bel. Si tus ojos son penetrantes podrás, inclusive, ver el humo del fuego eterno en los más alto.

–¿Así que eso es Babilonia? Siempre he anhelado ver la ciudad más rica de todo el mundo –comentó Hadan Gula-. Babilonia, donde mi abuelo comenzó su fortuna. Si todavía viviera no estaríamos tan penosamente oprimidos.

–¿Por qué deseas que su espíritu permenzca en la tierra más allá del tiempo que se le hubo asignado? Tú y tu padre bien pueden terminar su trabajo.

–¡Ay!, ninguno de nosotros tiene su don. Ni mi padre ni yo conocemos su secreto para atraer los doradas monedas.

Sharru Nada no replicó, pero dio rienda suelta a su montura y bajó el camino del valle. Tras ellos siguió la caravana en una nube de polvo rojizo. Algún tiempo más tarde llegaron al camino del rey y voltearon hacia el sur a través de tierras irrigadas.

Tres viejos que trabajaban en el campo llamaron la atención de Sharru Nada. Le parecieron extrañamente familiares. ¡Qué ridículo! Uno no pasa un campo después de cuarenta años y encuentra a los mismos hombres arando ahí. Pero algo dentro de él le decía que eran los mismos. Uno de ellos con un inseguro agarre, sostenía el arado, los otros trabajaban laboriosamente junto a los bueyes, golpeándolos ineficazmente con sus varas para que siguieran tirando la yunta.

Hace cuarenta años había envidiado a estos hombres. ¡Con qué agrado se habría cambiado por ellos! Pero qué diferencia, ahora. Se volvió para mirar su caravanacon orgullo, sus camellos y burros bien escogidos, cargados hasta el tope con valiosos artículos de Damasco. Todo esto no era parte de sus posesiones.

Señaló a los labradores, diciendo:

–Todavía aran el mismo campo donde estaban hace cuarenta años.

–Se parecen, pero, ¿por qué crees que son los mismos?

–Los vi allí –replicó Sharru Nada.

Los recuerdos estaban corriendo rápidamente a través de su mente. ¿Por qué no podía enterrar el pasado y vivir el presente? Entonces vio, como en una película, la sonriente cara de Arad Gula. La barrera entre él y el cínico joven se disolvió.

¿Pero cómo podía ayudar al joven tan altanero con sus despilfarradoras ideas y manos cubiertas de joyas? Podía ofrecer trabajo en abundancia a hombre dispuestos a trabajar, pero nada para hombres que se consideraban demasiado buenos para trabajar. No obstante, debía hacer algo por Arad Gula, no solamente un intento a medias. Él y Arad Gula nunca habían hecho las cosas en esa forma; ellos no eran de esa clase de hombres.

Se le ocurrió un plan de manera repentina. No sería fácil. Debería considerar su propia familia y su propia posición. Sería cruel y dolería. Siendo un hombre de rápidas decisiones, desechó las objeciones y decidió actuar.

–¿Estarías dispuesto en escuchar cómo tu digno abuelo y yo nos reunimos en una sociedad, la cual resultó tan redituable? –preguntó.

–¿Por qué no cuentas, simplemente, cómo haces los doradas monedas? Eso es todo lo que necesito saber –replicó el joven.

Sharru Nada ignoró la réplica y continuó:

–Comencemos con aquellos hombres que aran. Yo no tenía más edad que tú. Cuando la columna de hombres en la cual yo marchaba se aproximó, el viejo Meggido, el granjero, se mofó de la forma tan torpe en la que ellos araban. Meggido estaba encadenado cerca de mí. "Mira a esos perozosos", protestó, "el que sostiene el arado no hace esfuerzos por enterrarlo, ni los ayudantes mantienen a los bueyes en el surco.

¿Cómo pueden esperar levantar una buena cosecha con tan mala forma de arar?"

–¿Dijiste que Meggido estaba encadenado contigo? –preguntó con sorpresa Hadan Gula.

–Sí, con collares de bronce alrededor de nuestros cuellos y una larga y pesada cadena entre nosotros. Cerca a mí estaba Zabado, el ladrón de ovejas. Yo lo había conocido en Harroun. Al final estaba un hombre al cual llamábamos el Pirata, porque él nunca nos dijo su nombre.

Juzgamos que era un marinero, pues tenía tatuadas serpientes enrolladas sobre su pecho a la moda marinera. La columna estaba formada para que los hombremos pudieran caminar de cuatro en cuatro.

–¿Tú fuiste encadenado como un esclavo? –preguntó incrédulamente Hadan Gula.

–¿No, te contó tu abuelo que yo una vez fui esclavo?

–Él hablaba a menudo de ti, pero nunca hizo alusión a eso.

–Él fue un hombre a quien podías contar tus más íntimos secretos. Tú también eres un hombre en el que yo puedo confiar, ¿verdad?—Sharru Nada lo miró de frente a los ojos.

–Puedes confiar en mi silencio. Pero estoy sorprendido. Dime, ¿cómo llegastes a ser esclavo?

Sharru Nada se encogió de hombros.–Cualquier hombre puede encontrarse en esa situación. Fue una casa de juego y la cerveza lo que me trajo al desastre. Fui la víctima de las indiscreciones de mi hermano.

En una riña él mató a su amigo. Yo fui entregado como fianza a la viuda por mi padre, desesperado por impedir que mi hermano fuera a ser perseguido por la ley. Cuando mi padre no pudo conseguir la plata para libertarme, ella, enojada, me vendió en el mercado de esclavos.

–¡Qué vergüenza e injusticia! –protestó Hadan Gula-. Pero dime, ¿cómo ganaste la libertad?

–Iremos a eso pero todavía no. Continuaremos mi historia. Cuando pasamos, los labradores se mofaron de nosotros. Uno se quitó su rasgado sombrero y se inclinó gritando: "Bienvenidos a Babilonia, huéspedes del rey. Él los espera en los muros de la ciudad, donde se sirve el banquete de ladrillos de lodo y sopa de cebolla", y se rieron ruidosamente.

El Pirata se enojó y los maldijo severamente:

–Qué quieren decir esos hombres con el que el rey nos está esperando en los muros? – le pregunté.

–Tú marchas a acarrear ladrillos para los muros de la ciudad, hasta que se te rompa la espalda. Tal vez te golpeen hasta morir antes de que se te rompa. Ellos no me golpearán. Yo los mataré.

Entonces Meggido habló:

—No tiene sentido para mí hablar de amos que golpean, hasta matarlos, a esclavos voluntariosos y trabajadores. A los amos les gustan los buenos esclavos y los tratan bien.

— ¿Quién quiere trabajar duro? —comentó Zabado-. Aquellos sembradores son sabios. No se están rompiendo sus espaldas. Actuan como si estuviesen trabajando muy fuerte.

—Tú no puedes salir adelante eludiendo —protestó Meggido-. Si tú siembras una hectárea, habras hecho una Buena jornada de trabajo y da lo mismo si amo lo sabe o no. Pero cuando tú siembras solamente media hectárea, eso es evasión. No me gusta evadir, me gusta trabajar y me gusta hacer buen trabajo, pues el trabajo es el mejor amigo que yo he conocido. Me ha traído todas las cosas buenas que yo he tenido, mis granjas, mis vacas, mis cosechas, todo.

—Sí, ¿y dónde están esas cosas ahora? —se mofó Zabado. Yo creo que conviene ser más listo y obtener eso sin trabajar. Observa a Zabado, si somos vendidos a los muros, él estará llevando bolsas de agua o algún trabajo fácil, mientras que tú, que te gusta trabajar, estarás rompiéndote la espalda acarreando ladrillos —dijo esto y sonrió con una risa tonta.

El terror me apresó esa noche. No podía dormir. Me apiñé cerca del guardián de la cuerda, y cuando los otros dormían, atraje la atención de Godoso, quien estaba haciendo la primera guardia. Él era uno de aquellos bandidos árabes, de la clase de maleante que si te robaba tu pulsera, también te cortarba el cuello.

—Dime, Godoso —susurré-. Cuando lleguemos a Babilonia, ¿seremos vendidos a los muros?

—¿Por qué quieres saber? —preguntó cautelosamente.

—¿No puedes entender? —supliqué-. Soy joven. Quiero vivir. No quiero trabajar o que me golpeen hasta matarme en los muros. ¿Hay alguna oportunidad para mí de obtener un buen amo?

—Te diré algo, buen amigo —susurró—No le des problemas a Godoso. Muchas veces primero vamos al mercado de esclavos. Escucha ahora. Cuando los compradores vengan, diles que eres un buen trabajador, que te gusta trabajar duro para un buen amo. Hazlos que quieran comprarte. Si ellos no quieren comprarte, al día siguiente acarrearás ladrillo. Es un trabajo muy duro.

Después se alejó, yo me tiré en la caliente arena, mirando las estrellas y pensando acerca del trabajo. Lo que Meggido había dicho acerca de ser su mejor amigo, me hizo preguntarme si sería mi mejor amigo. Ciertamente lo sería, si me ayudaba a salir de esto.

Cuando Meggido despertó, le susurré mis buenas noticias. Fue nuestro único rayo de esperanza cuando marchamos a Babilonia. Al atardecer nos aproximamos a los muros y pudimos ver las filas de hombres, como hormigas negras, subiendo y bajando por sendas diagonales. Cuando nos acercamos, nos sorprendieron los millares de hombres trabajando; algunos estaban cavando un foso, otros mezclaban el lodo en ladrillos de barro. El mayor número estaba acarreando hacia arriba ladrillos en grandes canastas por las empinadas sendas para los albañiles.*

Los capataces maldecían a los holgazanes y restallaban látigos sobre las espaladas de aquellos que fallaban en conservar la fila. Algunos pobres hombres se tambaleaban y caían y fatigados, bajo sus pesadas canastas, incapaces de levantarse otra vez. Si el látigo fallaba en pararlos, eran empujados al lado de las sendas, y allí quedaban retorciéndose en agonía. Pronto ellos serían arrastrados para unirse a otros cuerpos junto al camino, a esperar tumbas no santificadas. Cuando contemplaba el horrible espectáculo, me estremecí. Así que era esto lo que le esperaba al hijo de mi padre si él fallaba en el mercado de esclavos.

Godoso había tenido razón. Fuimos llevados a través de las puertas de la ciudad a la prisión de esclavos y a la mañana siguiente marchamos a los corrales en el mercado. Aquí el resto de los hombres se amontonaron con temor y solamente los látigos de nuestros guardias podían mantenerlos moviéndose para que los compradores pudieran examinarlos. Meggido y yo ansiosamente hablábamos a cada hombre que nos lo permitía.

*Las famosas construcciones de la antigua Babilonia, sus murallas, templos, jardines colgantes y grandes canales se construyeron con trabajos de esclavos, principalmente prisioneros de guerra, lo cual explica el trato inhumano que ellos recibían. Esta fuerza de trabajo también incluía a muchos ciudadanos de Babilonia y sus provincias que habían sido vendidos a la esclavitud debido a crímenes o problemas financieros. Era costumbre común para los hombres ofrecerse ellos, sus esposas o sus hijos, como una garantía del pago de préstamos, juicios legales y otras obligaciones. En caso de incumplimiento, las personas afectadas podrán ser vendidas como esclavos.

El traficante de esclavos trajo soldados de la Guardia del Rey, quienes encadenaron al Pirata y lo golpearon brutalmente cuando protestó. Cuando se lo llevaron, yo sentí pena por él.

Meggido presintió que pronto nos separaríamos y cuando no teníamos los compradores estaba cerca, me hablaba seriamente para impresionarme de lo valioso que podría ser el trabajo para mí en lo futuro.

Meggido presintió que pronto nos separaríamos y cuando no teníamos los compradores estaba cerca, me hablaba seriamente para impresionarme de lo valioso que podría ser el trabajo para mí en lo futuro. Algunos hombres lo odian. Ellos lo hacen su enemigo. Es mejor tratarlo como un amigo; haz que te guste. No importa si es duro. Si tú tienes intención de construir una buena casa, entonces qué importa si las vigas son pesadas y esta lejos el pozo para llevar el agua para el yeso. Prométemelo muchacho: si consigues un amo, trabajarás para él tan duro como puedas. Si no aprecia todo lo que haces, no importa. Recuerda: el trabajo bien hecho beneficia al hombre que lo hace. Lo hace un hombre mejor.Calló cuando un fornido granjero se acercó y nos miró críticamente.

Meggido le preguntó acerca de su granja y cosechas, y pronto lo convenció de que él sería un hombre valioso. Después de un violento regateo con el vendedor de esclavos, el granjero sacó una gran bolsa de oro de debajo de su túnica, y poco después Meggido seguía a su nuevo amo hasta perderse de vista.

Otros pocos hombres fueron vendidos durante la mañana. Al mediodía Godoso me confió que el tratante estaba disgustado y que no se quedaría otra noche, y llevaría al resto de esclavos al comprador del rey. Me estaba desesperando cuando un hombre gordo y de aspect amable se acercó al muro y preguntó si había un panadero entre nosotros.

Me aproximé a él diciendo:

–¿Por qué un buen panadero como tú busca a otro panadero de inferior calidad? ¿No sería más fácil enseñar tus habilidades a un hombre voluntarioso como yo? Mírame, soy joven, fuerte y me gusta trabajar. Dame una oportunidad y yo haré lo mejor para ganar oro y plata para tu bolsa.

El hombre estaba impresionado con mi disponibilidad y comenzó a regatear con el tratante, quien nunca me había notado desde que me había comprado, pero ahora resaltaba con elocuencia mis habilidades, buena salud y buena disposición. Me sentí como un buey gordo vendido al carnicero. Al fin, con mucha alegría para mí, el trato se cerró. Seguí a mi nuevo amo, pensando que yo era el hombre más afortunado de Babilonia.

Mi nuevo hogar fue muy de mi agrado. Nana-naid, mi amo, me enseñó a moler la cebada en el molino del patio, cómo prender el horno y luego cómo moler muy fina la harina de ajonjolí para los pasteles de miel. Yo tuve un lecho en el cobertizo donde su grano se almacenaba. La vieja esclava ama de llaves, Swasti, me alimentaba bien y estaba contenta con la forma en que le ayudaba con las pesadas tareas.

Aquí estaba la oportunidad que yo había anhelado de ser útil para mi amo y de encontrar una forma para ganar mi libertad.

Le pedí a Nana-naid que me enseñara cómo amasar el pan y hornearlo. Él hizo esto muy complacido por mi disponibilidad. Más tarde cuando yo podía hacer esto bien, le pedí que me enseñara cómo hacer los pasteles de miel, y pronto yo estaba haciendo todo el horneado. Mi amo estaba contento de estar ocioso, pero Swasti sacudía su cabeza con desaprobación.

–No es bueno para ningún hombre estar sin trabajar –declaraba ella.

Sentí que era tiempo de pensar en la forma de ganar dinero para comprar mi libertad. Cuando el horneado se terminaba al mediodía, pensé que Nana-naid aprobaría si yo encontraba empleo redituable por las tardes y que así él pudiera compartir mis ganancias conmigo. Entonces me vino una idea. ¿Por qué no hornear más pasteles de miel y venderlos a los hombres hambrientos en las calles de la ciudad?

Presenté mi plan a Nana-naid en esta forma:

Si una vez haya terminado la pastelelería , puedo disponer de mis tardes para hacerte ganar mas dinero, ¿no sería justo que tú compartieras mis ganancias conmigo para que yo pueda tener dinero para gastar en aquellas cosas que cada hombre desea y necesita?

–Muy justo, muy justo admitió.

Cuando le propuse el plan de vender nuestros pasteles de miel él estuvo complacido.

–Aquí está lo que haremos –sugirió-. Los vendes a dos por un penique, entonces la mitad de los peniques será mía para pagar la harina, la miel y la leña para hornearlos. Del resto tomaré la mitad y tú conservarás la otra mitad.

Me complació su generosa oferta, por la cual yo podría conservar una cuarta parte de mis ventas. Aquella noche trabajé hasta muy tarde haciendo una bandeja sobre la cual mostrarlos. Nana-naid me dio una de sus túnicas usadas para que yo pudiera tener un aspecto decente y Swasti me ayudó a arreglarla y lavarla.

Al día siguiente hice uan cantidad de más de pasteles de miel. Se veían dorados y tentadores sobre la bandeja cuando salí a la calle anunciando mi mercancía. Al principio nadie parecía interesado y comencé a desanimarme. Continué y al atardecer, cuando los hombres estaban hambrientos, los pasteles comenzaron a venderse y pronto la bandeja estaba vacía.

Nana-naid estaba muy complacido con mi éxito y gustosamente me pagó mi parte. Yo estaba contento de tener peniques. Meggido había tenido razón cuando dijo que un amo apreciaba el buen trabajo de sus esclavos. Esa noche estuve tan excitado por mi triunfo que apenas pude dormir y traté de calcular cuánto podría ganar en un año y cuántos años se requerían para comprar mi libertad.

Conforme salía con mi bandeja de pasteles cada día, pronto encontré clientes regulares. Uno de ellos fue nada más que tu abuelo, Arad Gula. Él era un comerciante de tapetes y se los vendía a las amas de casa, yendo de un extremo a otro de la ciudad, acompañado por un burro cargado con tapetes y un esclavo negro para atenderlo. Compraba dos pasteles para él y dos para su esclavo, deteniéndose siempre para hablar conmigo mientras se lo comían.

Tu abuelo me dijo un día algo que yo siempre recordaré:

–Me gustan tus pasteles, muchacho, pero más aún me gusta la buena disposición con la cual los ofreces. Tal espíritu puede llevarte lejos en el camino del éxito.

Pero, ¿cómo puedes comprender, Hadan Gula, lo que tales palabras de aliento, podían significar para un muchacho esclavo, solo en una gran ciudad, luchando con todo lo que tenía para encontrar una salida a su humillación?

Conforme pasaba los meses, yo continuaba agregando peniques a mi bolsa, y ésta comenzó a tener un confortable peso en mi cinturón. El trabajo estaba probando ser mi mejor amigo, tal como Meggido había dicho. Yo estaba feliz, pero Swasti estaba preocupada.

–Temo que nuestro amo ha pasado mucho tiempo en las casas de juego –protestó ella.

Me regocijé mucho un día al encontrar a mi amigo Meggido en la calle. Él estaba conduciendo tres burros cargados con legumbres camino del mercado.

–Lo estoy haciendo bastante bien –dijo él-. Mi amo aprecia mi buen trabajo, pues ahora soy capataz. Mira, me confía la ventana en el mercado, y también está enviando traer a mi familia. El trabajo me está ayudando a recuperarme de mi gran dificultad. Algún día me ayudará a comprar mi libertad y otra vez poseer una granja.

El tiempo pasaba y Nana-naid estaba más y más ansioso de que regresara de vender. Cuando llegaba, él estaba esperando y ansiosamente contaba y dividía nuestro dinero; también me urgía a que buscara más mercados y aumentara mis ventas.

A menudo salía fuera de las puertas de la ciudad para vender a los capataces de los esclavos que construían los muros. Yo detestaba regresar al desagradable espectáculo, pero encontré que los capataces eran unos compradores liberales. Un día me sorprendí al ver a Zabado esperando en fila para llenar su canasta con ladrillos. Estaba flaco y encorvado, y su espalda cubierta con verdugones y llagas de los látigos de los capataces. Sentí lástima por él y le di un pastel que trituró con su boca como un animal hambriento. Viendo la codiciosa mirada de sus ojos, corrí antes de que él pudiera arrebatarme mi bandeja.

–¿Por qué trabajas tan duro?-. Me preguntó Arad Gula un día. Casi la pregunta que me hiciste hoy, ¿recuerdas? Le dije lo que Meggido me había dicho acerca del trabajo y cómo él estaba probando ser mi mejor amigo. Le mostré con orgullo mi bolsa de peniques y le expliqué cómo estaba ahorrando para comprar mi libertad.

–Cuando seas libre, ¿qué harás? –preguntó.

–Entonces –contesté—intentaré hacerme comerciante.

En ese momento me confió algo que yo nunca había sospechado:

–Tú no sabes que yo también soy un esclavo. Y que estoy en sociedad con mi amo.

–¡Alto! –demandó Hadan Gula-. No escucharé mentiras que difaman a mi abuelo. Él no fue esclavo –sus ojos brillaban de coraje. Sharru Nada permaneció calmado.

–Yo lo honro por levantarse de su desgracia y llegar a ser un ciudadano prominente de Damasco. ¿Estás tú, su nieto, vaciado en el mismo molde? ¿Eres lo suficientemente hombre para encarar los hechos verdaderos o prefieres vivir bajo falsas ilusiones?

Hadan Gula se enderezó en su silla. Con voz trémula, reprimiendo la profunda emoción, replicó:

–Mi abuelo fue amado por todos. Innumerables fueron sus buenas acciones. Cuando vino, la hambruna, ¿no compró con su oro grano en Egipto, y no lo trajeron sus caravanas a Damasco y lo distribuyeron a la gente para que nadie muriera de hambre? Ahora tú dices que no era sino un despreciable esclavo en Babilonia.

–Si él hubiera permanecido como esclavo en Babilonia, entonces podría haber sido despreciado, pero cuando a través de sus propios esfuerzos llegó a ser un gran hombre en Damasco, los dioses ciertamente condonaron sus desgracias y lo honraron con su respeto –replicó Sharru Nada.

Después de decirme que él era un esclavo –continuó Sharru Nada –me explicó lo ansioso que había estado de ganar su libertad. Ahora que tenía suficiente dinero para comprarla, estaba muy preocupado por lo que debía hacer. Él ya no estaba haciendo buenas ventas y temía dejar el apoyo de su amo.

Yo protesté su indecisión:

–No te adhieras más a tu amo. Obtén, otra vez, la sensación de ser un hombre libre. ¡Actúa como un hombre libre y ten éxito como uno de ellos! ¡Decide lo que deseas conseguir y luego trabaja y eso te ayudará a conseguirlo!

Él continuó su camino, diciendo que estaba contento de que yo lo hubiera avergonzado por su cobardía.*

Un día salí fuera de las puertas otra vez, y me sorprendió encontrar una gran multitud reunida ahí. Cuando le pedí a un hombre una explicación, él contestó: "No has oído? Un esclavo fugitivo que mató a uno de los guardias del rey ha sido traído para ajusticiarlo, y este día será azotado hasta morir por su crimen. Inclusive el rey mismo estará aquí".

Tan densa era la multitud alrededor del poste de flagelamiento, que temía acercarme por miedo de que mi bandeja de pasteles de miel se volteara. Por lo tanto trepé a un muro no terminado para ver sobre las cabezas de la gente. Fui afortunado de ver a Nabucodonosor mismo cuando pasaba en su carruaje dorado. Nunca había contemplado tal grandeza, tales túnicas y colgajes de oro en telas y terciopelo.

No pude ver el flagelamiento, aunque podía oír los gritos del pobre esclavo. Me preguntaba cómo una persona tan noble como nuestro noble rey podía soportar ver tal sufrimiento, aunque cuando lo vi se estaba riendo y bromeando con sus nobles. Supe que él era cruel y comprendí porque tan inhumanas tareas eran encomendadas a los esclavos constructores de muros.

Después que el esclavo murió, su cuerpo fue colgado de un poste por una cuerda adherida a su pierna para que todos pudiéramos verlo.

Cuando la multitud comenzó a dispersarse, me acerqué. En el velludo pecho, vi tatuadas dos serpientes enlazadas. Era Pirata.

La próxima vez que lo vi, Arad Gula era un hombre cambiado. Lleno de entusiasmo me saludó.

–Mira, el esclavo que conociste es ahora un hombre libre. Había magia en tus palabras. Ya mis ventas y mis ganancias están aumentando. Mi esposa está cubierta de joyas. Ella desea mucho que nos mudemos a una ciudad extranjera donde ningún hombre sepa que yo fui esclavo. Así nuestros hijos estarán a salvo del reproche por la desgracia de sus padres. El trabajo ha sido mi mejor ayudante. Me ha capacitado para recobrar mi confianza y mi habilidad en vender.

*Las costumbres de los esclavos de la antigua Babilonia, aunque puedan parecernos inconsistentes, estaban estrictamente reguladas por la ley. Por ejemplo, un esclavo podía poseer una propiedad de cualquier clase, inclusive otros esclavos sobre los cuales su amo no tenía ningún derecho. Los esclavos se casaban libremente con las no-esclavas. Los niños de madres libres eran libres. Muchos comerciantes de la ciudad eran esclavos. Muchos de éstos estaban en sociedad con sus amos y eran acaudalados por su propio derecho.

Yo estaba tan gozoso que hubiera podido, inclusive en forma modesta, pagarle por el ánimo que me había dado.

Una noche Swasti vino a mí con profundidad angustia:

—Tu amo está en dificultades. Temo por él. Hace algunos meses perdió mucho en las mesas de juego. No le paga al granjero por su grano ni su miel. No le paga al prestamista. Están enojados y lo amenazan.

—¿Por qué debemos preocuparnos por sus locuras? ¡No somos sus guardianes! – contesté rudamente.

—Muchacho loco, tú no entiendes. Él le dio al prestamista tu título de propiedad para asegurar un préstamo. Bajo la ley él puede reclamarte y venderte. ¡Yo no sé qué hacer! Él es un buen amo. ¿Por qué deberán caer sobre nosotros tales desgracias?

Los temores de Swasti eran fundamentados. Mientras yo estaba haciendo el horneado a la mañana siguiente, el prestamista se presentó con un hombre llamado Sasi. Este hombre me examinó y dijo que estaba bien.

El prestamista no esperó a que mi amo regresara, sino que indicó a Swasti que le dijera que él me había tomado. Con sólo la túnica en mi espalda y la bolsa de peniques colgando segura de mi cinturón, fui apartado del horneado sin terminar.

Se me arrancaron mis más caras esperanzas como el huracán arranca los árboles del bosque y los arroja al agitado mar. Otra vez una casa de juego y una sola cerveza habían causado mi desastre.

Sasi era un hombre torpe y áspero. Cuando me conducía a través de la ciudad, le conté del buen trabajo que yo había hecho para Nana-naid y que yo esperaba hacer un buen trabajo para él. Su contestación no me ofreció ninguna esperanza:

—No me gusta este trabajo. A mi amo tampoco. El rey le ha dicho que me envíe a construir una sección del Gran Canal. El amo le dice a Sasi que compre más esclavos, que trabaje duro y termine rápido. ¡Bah! ¿Cómo, puede cualquier hombre terminar un trabajo rápido?

Imagínate un desierto sin ningún árbol, solamente arbustos bajos y un sol ardiendo con tal furia, que el agua en nuestros barriles estaba caliente hasta el punto de no poder beberla. Luego imagina hileras de hombres, bajando y subiendo a una profunda excavación y arrastrando pesadas canastas llenas de lodo, desde el amanecer hasta el anochecer. Imagina la comida servida en artesas abiertas en las cuales tragábamos como marranos. No había tiendas, ni paja para camas. Ésa fue la situación en la cual me encontré. Enterré mi bolsa en un lugar señalado, preguntándome si en alguna ocasión la desenterraría otra vez.

Al principio trabajé con buena voluntad, pero conforme pasaban los meses, sentí mi espíritu doblegarse. Entonces la fiebre hizo presa de mi cansado cuerpo. Perdí el apetito y apenas podía comer el carnero y los vegetales. En la noche me agitaba en infeliz desvelo.

En mi miseria me preguntaba, si Zabado no tendría el mejor plan, evitar e impedir que su espalda se rompiera con el trabajo. Entonces recordé la última vez que lo vi y supe que su plan no era bueno.

Pensé en el Pirata con su amargura y me pregunté si podría ser justo también luchar y matar. La memoria de su cuerpo sangrante me recordó también que su plan era inútil.

Entonces recordé la última vez que vi a Meggido. Sus manos estaban encallecidas del duro trabajo, pero su corazón estaba ligero y había felicidad en su cara. Su plan era el mejor.

Sin embargo, yo estaba tan dispuesto a trabajar como Meggido; él no podría trabajar más duro que yo. ¿Por qué mi trabajo no me traía felicidad y éxito? ¿Fue el trabajo lo que trajo felicidad a Meggido, o simplemente estaba la felicidad y el éxito en el regazo de los dioses? ¿Iba a trabajar el resto de mi vida sin satisfacer mis deseos, sin felicidad ni éxito? Todas esas preguntas se agolpaban en mi mente, y yo no tenía una contestación. En verdad yo estaba dolorosamente confundido.

Varios días más tarde, cuando parecía que estaba en el extremo de mi resistencia, y con mis preguntas aún sin contestar Sasi, envió por mí. Un mensajero había sido enviado por mi amo para llevarme de regreso a Babilonia. Desenterré mi preciosa bolsa, me envolví en los andrajosos retazos de mi túnica y emprendí mi camino.

Cuando viajábamos, los mismos pensamientos, como un huracán volteándome de aquí para allá, seguían corriendo a través de mi febril cerebro. Parecía estar viviendo las fantásticas palabras de un canto de mi pueblo natal de Harroun:

Acosando a un hombre como un torbellino, Impulsándolo como una tormenta. Cuyo curso nadie puede seguir, Cuyo destino nadie puede predecir.

¿Estaba destinado a ser por siempre castigado por lo que no sabía? ¿Qué nuevas miserias y desilusiones me esperaban?

Cuando entrábamos al patio de la casa de mi amo, imagina mi sorpresa cuando vi a Arad Gula esperándome. Me ayudó a desmontar y me abrazó como a un hermano largo tiempo perdido.

Cuando continuamos nuestro camino, yo lo iba a seguir como un esclavo debe seguir a su amo, pero él no lo permitió. Puso su brazo alrededor de mí, diciendo:

—He buscado en todas partes por ti. Cuando casi había perdido la esperanza, me encontré a Swasti, quien me contó lo del prestamista, y éste me envió con el nuevo amo. Éste hizo un duro regateo y me hizo pagarle un desaforado precio, pero tú lo vales. Tu filosofía y tu buena disposición han sido mi inspiración de este nuevo éxito.

—La filosofía de Meggido, no la mía —le interrumpí.

—La de Meggido y la tuya. Gracias a ambos. Vamos a Damasco, yo te necesito de socio. ¡Mira! —exclamó--. ¡En un momento serás un hombre libre!

Diciendo así, sacó de debajo de su túnica la tablilla de arcilla donde estaba el título de mi propiedad. La levantó sobre su cabeza y la arrojó sobre el pavimento, rompiéndola en cien pedazos. Con júbilo trituró los fragmentos hasta que se hicieran polvo. Lágrimas de gratitud llenaron mis ojos. Supe que yo era el hombre más afortunado de Babilonia.

El trabajo, tú ves por esto, en el tiempo de mi mayor angustia, probó ser mi mejor amigo. Mi disponibilidad para trabajar me capacitó para escapar de ser vendido para unirme a las cuadrillas de esclavos de los muros. También impresionó a tu abuelo y él me seleccionó para ser su socio.

Entonces Hadan Gula preguntó:

—¿Fue el trabajo la clave secreta de mi abuelo para conseguir las doradas monedas?

–Era la única clave que tenía cuando lo conocí –replicó Sharru Nada-. Tu abuelo disfrutaba trabajar. Los dioses apreciaron, sus esfuerzos y lo premiaron liberalmente.

–Comienzo a ver –Hadan Gula estaba hablando pensativamente-. El trabajo le trajo sus muchos amigos que admiraban su industria y el éxito que trajo. El trabajo le proporcionó los honores que tanto disfrutaba en Damasco. El trabajo le trajo todas aquellas cosas que yo he disfrutado. Y yo pensaba que el trabajo era únicamente apropiado para esclavos!

–La vida es rica con muchos placeres para que los hombres los disfruten –comentó Sharru Nada-. Cada cosa tiene su lugar. Estoy contento de que el trabajo no sea reservado a los esclavos. ¿Qué caso tendría que se me privara de mi mayor placer? Yo disfruto de muchas cosas, pero nada toma el lugar del trabajo.

Sharru Nada y Hadan Gula cabalgaron a la sombra de los elevados muros hasta las sólidas puertas de bronce de Babilonia. Al aproximarse, los guardias de la puerta se pusieron en posición de firmes y saludaron a un honrado ciudadano. Con la cabeza levantada, Sharru Nada condujo la larga caravana a través de las puertas y por las calles de la ciudad.

–Yo siempre he deseado ser como mi abuelo –le confió Hadan Gula—Nunca antes me di cuenta de la clase de hombre que fue. Tú me lo has enseñado. Ahora que lo comprendo, lo admiro más y estoy decidido a ser como él. Temo que nunca pueda pagarte por darme la verdadera clave de su éxito. Desde este día en adelante, yo usaré su clave. Empezaré humildemente como él comenzó, lo cuál conviene más a mi verdadera situación que las joyas y las finas túnicas.

Y diciendo así, Hadan Gula arrancó los pendientes de sus orejas y los anillos de sus dedos. Entonces, aflojó las riendas de su caballo, retrocedió y con gran respeto se colocó detrás del conductor de la caravana.

11 - Un Resumen Histórico De Babilonia

En las páginas de la historia no existe una ciudad más encantadora que Babilonia. Su mismo nombre conjura visiones de riqueza y esplendor. Sus tesoros de oro y joyas fueron fabulosos. Uno naturalmente se imagina que tan rica ciudad estaba localizada en un apropiado ambiente de esplendor tropical, rodeada de ricos recursos naturales de bosques y minas. Éste no era su caso. Estaba localizada junto al río Éufrates, en un valle plano y árido. No tenía bosques ni minas, ni siquiera piedras para construir. No estaba ni siquiera localizada en una ruta comercial natural. La lluvia era insuficiente para levantar cosechas.

Babilonia es un ejemplo sobresaliente de la habilidad del hombre para alcanzar grandes objetivos usando cualquier medio que esté a su disposición. Todos los recursos, de sostenimiento de esta gran ciudad fueron, desarrollados por el hombre. Todas sus riquezas fueron hechas por el hombre.

Babilonia poseía únicamente dos recursos naturales: un suelo fértil y el agua del río. Con uno de los más grandes logros de la ingeniería del éste o de cualquier otro tiempo, los ingenieros babilonios desviaron las aguas del río valle, fueron esos canales a verter las aguas vivificantes sobre el fértil suelo. Eso se clasifica entre las primeras proezas de la ingeniería conocidas por la historia. Tan abundantes cosechas fueron la recompensa de este sistema de irrigación sin precedente.

Afortunadamente, durante su larga existencia, Babilonia fue regida por sucesivas líneas de reyes para quienes la conquista y el despojo eran solamente incidentales. Si bien combatió en muchas guerras, muchas de estas fueron locales o defensivas contra ambiciosos conquistadores de otros países que codiciaban los fabulosos tesoros de Babilonia. Los gobernantes sobresalientes de Babilonia viven en la historia debido a su sabiduría, a su espíritu de empresa y a su justicia.

Babilonia no produjo esforzados monarcas con ansias de conquistar el mundo conocido para que todas las naciones pudieran rendir homenaje a su egoísmo.

Como ciudad, Babilonia no existe más. Cuando aquellas energizantes fuerzas humanas que construyeron y mantuvieron la ciudad por miles de años se retiraron, pronto llegó a ser una ruina desierta. El sitio de la ciudad está en Asia, cerca de seiscientas millas al este del Canal de Suez, al norte del Golfo Pérsico. La latitud es de treinta grados al norte del Ecuador, prácticamente la misma que la de Yuma, Arizona. Poseía un clima cálido y seco similar al de esta ciudad americana.

Hoy, este valle del Éufrates; que fuera una vez un populoso distrito agrícola de riego, es otra vez una llanura árida barrida por el viento. Escasa hierba y arbustos del desierto luchan por existir contra las tormentas de arena. Ya no existen los fértiles campos, las enormes ciudades y las largas caravanas de ricas mercancías. Las bandas nómadas de árabes, que consiguen su precaria existencia cuidando pequeños rebaños, son los únicos habitantes. Así ha sido desde el principio de la Era Cristiana.

Emergiendo de este valle hay unas lomas de tierra. Por siglos no fueron consideradas otra cosa por los viajeros. Éstas finalmente atrajeron la atención de los arqueólogos debido a las monedas rotas de alfarería y ladrillos deslavados por las ocasionales tormentas de lluvia. Se enviaron entonces expediciones, financiadas por museos europeos y americanos, para excavar y ver qué se podía encontrar. Picos y palas pronto probaron que estas lomas eran antiguas ciudades. Bien podrían ser llamadas tumbas ciudades.

Babilonia era una de éstas. Sobre ella, por algo así como veinte siglos, los vientos habían esparcido el polvo del desierto. Construida originalmente de ladrillo, todos los muros expuestos se habían desintegrado y regresado a la tierra una vez más. Tal es hoy Babilonia, la rica ciudad. Un montón de tierra, tanto tiempo abandonada que ninguna persona viviente sabía siquiera su nombre, hasta que fue descubierta removiendo cuidadosamente el residuo de las calles y de las ruinas caídas de sus nobles templos y palacios.

Muchos científicos consideran la civilización de Babilonia, y de otras ciudades en este valle, como la más antigua de la cual hay una historia definida. Se ha probado que las fechas verdaderas llegan a los 8,000 años. Un hecho interesante con respecto a esto son los medios empleados para determinar estas fechas. En las ruinas de Babilonia se descubrieron descripciones de un eclipse de sol. Los astrónomos modernos ya calcularon la época en que tal eclipse, visible en Babilonia, ocurrió; y así establecieron una relación conocida entre su calendario y el nuestro.

En esta forma hemos probado que hace 8,000 años, los

Sumerios, que habitaban Babilonia, estaban viviendo en ciudades amuralladas. Uno puede solamente conjeturar cuántos siglos antes de esto tales ciudades ya existían.

Sus habitantes no eran bárbaros que vivían dentro de muros protectores. Fueron un pueblo educado e inteligente. Hasta donde llega la historia escrita, fueron los primeros ingenieros, los primeros astrónomos, los primeros matemáticos, los primeros financieros y el primer pueblo en tener un lenguaje escrito.

Ya se ha hecho mención de los sistemas de irrigación con los cuales transformaron el árido valle en un paraíso agrícola. Las ruinas de estos canales pueden ser todavía delineadas, aunque están en la mayor parte llenas de arena acumulada. Algunos de ellos eran de tal tamaño que, cuando no tenían agua, una docena de caballos podía cabalgar uno al lado de otro a lo largo de su fondo. En tamaño se comparaban favorablemente con los más grandes canales de Colorado y Utah.

Además de irrigar las tierras del valle, los ingenieros babilonios completaron otro proyecto de magnitud similar. Por medio de un complicado sistema de drenaje, hicieron labrantía una inmensa área pantanosa en las bocas de los ríos Éufrates y Tigris y la pusieron bajo cultivo.

Herodoto, el historiador y viajero griego, visitó Babilonia cuando esta ciudad estaba en esplendor y nos ha dado la única descripción conocida hecha por un extranjero. Sus escritos dan una descripción gráfica de la ciudad y algunas de las extraordinarias costumbres de su pueblo; mencionan la notable fertilidad del suelo y las generosas cosechas de trigo y cebada que ellos producían.

La gloria de Babilonia, se ha desvanecido, pero su sabiduría ha sido preservada por nosotros. Por eso estamos endeudados con sus formas de registros. En aquellos distantes días, el uso del papel no había sido inventado. En su lugar, grababan laboriosamente sus escritos sobre tablillas de barro húmeda. Cuando se completaban, éstas eran horneadas y se hacían mosaicos duros. Su tamaño era de seis por ocho pulgadas y de una pulgada de grueso.

Estas tablillas de barro, como son, comúnmente llamadas, se usaron mucho, como nosotros usamos las modernas formas de escritura. Sobre ellas fueron grabadas leyendas, historia, transcripciones de decretos reales, las leyes de la tierra, títulos de propiedad, notas promisorias e inclusive cartas, las cuales eran enviadas por mensajeros a distantes ciudades. De estas tablillas de arcilla se nos permite una vista interna de los asuntos íntimos y personales del pueblo. Por ejemplo, una tablilla, evidentemente de los registros de un comerciante del campo, relata que en una fecha determinada un cierto cliente trajo una vaca y la cambió por siete sacos de trigo; tres se le entregaron en esa fecha y los otro cuatro esperaban a que el cliente los recogiera cuando quisiera.

Enterradas con seguridad en las ruinosas ciudades, los arqueólogos han recuperado bibliotecas enteras de estas tablillas, cientos de miles de ellas.

Entre las sobresalientes maravillas de Babilonia figuran los inmensos muros que rodeaban la ciudad. Los antiguos las consideraron comparables con la grandes pirámides de Egipto como perteneciente a "las siete maravillas del mundo". Se le acredita a la reina Semíramis haber erigido los primeros muros durante la temprana historia de la ciudad. Los excavadores modernos han sido incapaces de encontrar rastro de los muros originales. Tampoco es conocida su altura exacta. De la mención hecha por los primeros escritores, se estima que tenían de cincuenta a sesenta pies de altura, revestidos en el lado exterior con ladrillo reconocido y además protegidos por un profundo foso lleno de agua.

Los últimos y más famosos muros fueron comenzados seiscientos años antes de la Era Cristiana por el rey Nabopolasar. Planeó la reconstrucción en una escala gigantesca, que no vivió para ver el trabajo terminado. Su obra fue continuada por su hijo Nabucodonosor, cuyo nombre es familiar en la historia bíblica.

Se vacila en creer la altura y longitud de estos últimos muros. Autoridades dignas de crédito reportan que tenían cerca de ciento sesenta pies de altura, el equivalente a la altura de un moderno edificio de oficinas de quince pisos. La longitud total se estima entre nueve y once millas. Tan ancha era la parte superior, que un carruaje de seis caballos podía ser conducido alrededor de ellas. De esta tremenda estructura, ahora queda poco, excepto porciones de las cimentaciones y el foso. Además de los estragos de los elementos naturales, los árabes completaron la destrucción llevándose los ladrillos para construir otras cosas en otra parte.

Contra los muros de Babilonia marcharon, a su vez, los ejércitos victoriosos de casi todos los conquistadores de esa época de guerras de conquista. Una multitud de reyes sitió Babilonia, pero siempre en vano. Los ejércitos invasores de esos días no se pueden considerar a la ligera. Los historiadores hablan de unidades de 10,000 jinetes, 25,000 carros, 1,200 regimientos de soldados a pie con 1,000 hombres por regimiento. A menudo se requerían de dos a tres años de preparación para reunir los materiales de guerra y depósitos de comida junto a la línea de marcha propuestas.

La ciudad de Babilonia estaba organizada como una ciudad moderna. Había calles y tiendas. Los comerciantes ambulantes ofrecían sus mercancías en los distritos residenciales. Los sacerdotes, oficiaban en magníficos templos. Dentro de la ciudad había una cerca interior para los palacios reales. Se dice que los muros que rodeaban a éstos tenían que haber sido más altos que los de la ciudad.

Los babilonios fueron hábiles en las artes. Éstas incluían la escultura, la pintura, el tejido, la orfebrería y la manufactura de armas implementos agrícolas. Sus joyeros crearon mucha joyería artística. Muchas muestras han sido recuperadas de las tumbas de sus ricos ciudadanos y están ahora en exhibición en los principales museos del mundo.

En este mismo temprano período, cuando el resto del mundo estaba todavía talando árboles con hachas con cabeza de piedra, o cazando y luchando con lanzas y flechas con punta de pedernal, los babilonios estaban usando hachas, lanzas y flechas con cabeza de metal.

Los babilonios fueron financieros y comerciantes diestros. Hasta donde sabemos, fueron los inventores originales del dinero, como un medio de cambio, de los pagarés y los títulos escritos de propiedad.

Babilonia nunca fue penetrada por ejércitos hostiles hasta 540 años A.C. Ni siquiera los muros fueron capturados. La historia de la caída de Babilonia es muy insólita. Ciro, uno de los grandes conquistadores de ese período, intentaba atacar la ciudad y deseaba tomar sus inexpugnables muros. Consejeros de Nabonidus, el rey de Babilonia, lo persuadieron de que saliera a encontrar a Ciro y le diera batalla sin esperar que la ciudad fuese sitiada. Con la subsecuente derrota del ejército babilonio, el rey huyó de la ciudad. Ciro, por lo tanto, entró por las puertas abiertas y tomó posesión sin resistencia.

De allí en adelante el poder y el prestigio de la ciudad gradualmente menguaron hasta que, en el curso de unos pocos cientos de años, fue eventualmente abandonada, desierta, dejada por los vientos y tormentas, otra vez al nivel de la tierra desértica desde la cual su grandeza había originalmente sido construida. Babilonia había caído, para nunca levantarse otra vez, pero debemos mucho a esta civilización.

Los siglos han reducido a polvo los orgullosos muros de sus templos, pero la sabiduría de Babilonia perdura.

FIN

El Hombre
Más Rico
De Babilonia

George Clason

Arte de la portada 2023,
Dauphin Publications,
todos los derechos reservados
ISBN: 9781939438812
Publicado por Dauphin Publications Inc.
www.daupub.com

INDICE

Prefacio

Nuestra prosperidad como nación depende de la prosperidad financiera de cada uno de nosotros como individuos.

Este libro trata del éxito personal de cada uno de nosotros. El éxito significa logros como resultado de nuestros propios esfuerzos y habilidades. La preparación adecuada es la clave de nuestro éxito. Nuestros actos no pueden ser más sabios que nuestros pensamientos. Nuestro pensamiento no puede ser más sabio que nuestra comprensión.

Este libro de remedios para monederos pobres ha sido calificado como una guía de comprensión financiera. Ese, ciertamente, es su propósito: ofrecer a quienes ambicionan éxito financiero, una comprensión que los ayudará a conseguir dinero, ahorrar dinero y hacer que sus excedentes ganen más dinero.

En las páginas que siguen, vamos a regresar a Babilonia, la cuna en la cual se nutrieron los principios básicos de finanzas ahora reconocidos y usados en todo el mundo.

El autor se siente feliz de extender a los nuevos lectores el deseo de que sus páginas puedan contener para ellos la misma inspiración para crecientes cuentas bancarias, mayores éxitos financieros y la solución de difíciles problemas financieros personales que fueron reportados positivamente por lectores de costa a costa.

A los ejecutivos de negocios que han propagado estos cuentos en tan generosas cantidades a amigos, parientes, empleados y asociados, el autor aprovecha esta oportunidad para expresar su gratitud. Ningun respaldo puede ser más importante que el de los hombres prácticos que aprecian sus enseñanzas, porque ellos mismos han elaborado éxitos importantes aplicando los mismos principios recomendados.

Babilonia llegó a ser la ciudad más rica del mundo porque sus ciudadanos fueron el pueblo más rico de su tiempo. Ellos apreciaron el valor del dinero. Ellos practicaron los sólidos principios financieros para conseguir dinero, ahorrar dinero y hacer que su dinero ganara más dinero. Ellos se proporcionaron lo que todos deseamos… ingresos para el futuro.

George.S.Clason